한국신문예문학회 송년회 기념집 18호

도도한 코끼리

엮은이 **박영곤** 회장

편집위원
김재원, 박길동, 이기정, 전순선, 전희종 (가나다 순)

목 차

시

강에리 어부 외 1편	20	
강영덕 삶의 향기 외 1편	22	
강은혜 산수유의 꿈 외 1편	24	
강준모 초코 외 1편	26	
강진원 말할 수 없는 것은 침묵해야 한다	28	
강창석 소낙비 연가	30	
곽광택 사랑한다고 외 1편	32	
구재기 파스를 붙이며 2 외 1편	34	
권갑하 달항아리 (시조) 외 1편	36	
권규호 친구야 우리 줄 서서 나가 보자	38	
김경길 송년회 외 1편	40	
김경숙 분봉	42	
김경순 회귀본능回歸本能 외 1편	44	
김관식 고추 농사 외 1편	46	
김관형 밝은 길 외 1편	48	
김규선 봄 경험 외 1편	50	
김금용 제멋대로 외 1편	52	
김도연 세상 사는 법 외 1편	54	
김명자 지금처럼만 외 1편	56	
김미정 노옥, 그 화해	58	
김민정 석촌 설법說法 (시조) 외 1편	60	
김석인 명품 사람 외 1편	62	
김선일 바다 외 1편	64	
김수연 구름 구두 (시조) 외 1편	66	

김숙희 미련한 독서 외 1편	68	
김애란 브람스를 좋아하세요	70	
김영순 껄껄껄 외 1편	72	
김영엽 해변의 추억 외 1편	74	
김영용 그대는… 외 1편	76	
김운향 단군의 노래 외 1편	78	
김유조 우선순위 외 1편	80	
김율희 비트켄슈타인의 구두	82	
김은수 고운 그늘에 서면 외 1편	84	
김은심 목성 외 1편	86	
김재원 치매 외 1편	88	
김종상 어머니 김밥 (민조시) 외 1편	90	
김지호 그해 태풍 외 1편	92	
김진중 계룡산 갑사불 (민조시) 외 1편	94	
김찬해 그런 이유가 외 1편	96	
김춘자 눈물 두부 외 1편	98	
김태형 의료대란 1 외 1편	100	
김하영 황톳길 외 1편	102	
김현숙 아름다운 한낮 외 1편	104	
김현숙(수영) 우데기 외 1편	106	
김후란 너의 빛이 되고 싶다 외 1편	108	
남현우 자유공원 외 1편	110	
노신배 소록도의 낮달 외 1편	112	
노유정 해양장례식 외 1편	114	
맹숙영 붉은 무도회 외 1편	116	

맹태영 약손 외 1편 118	서진송 풍성한 가을 들녘에서(시조) 외 1편 168
명금자 백마강 애수 120	선유미 여행은 창작의 모태 외 1편 170
모상철 여름날의 만남 외 1편 122	성기환 지식 본뜨다 외 1편 172
문용주 천운天運 외 1편 124	손도규 커피를 마시다가 외 1편 174
민용태 11시 독수리 타법 외 1편 126	손수여 무시래기 외 1편 176
박경희 추억으로 먹는 커피 외 1편 128	송봉현 단풍을 보며 외 1편 178
박길동 일일 방콕 여행 130	신영옥 그녀의 햇살 외 1편 180
박민정 울산바위 외 1편 132	신위식 가을의 사랑 외 1편 182
박병기 구봉도에서 134	신윤주 그리운 엄마(동시) 외 1편 184
박석현 데스마스크 외 1편 136	신인호 이사 외 1편 186
박성진 시의 길 외 1편 138	심상옥 인생 계단 188
박숙자 발왕산의 겨울 외 1편 140	안광석 철쭉꽃 외 1편 190
박영곤 여의도 25시 외 1편 142	안재식 사랑 타령 외 1편 192
박영애 북파로 백두산을 오르며 외 1편 144	안재찬 이별학개론 194
박은선 삶의 원점 146	안혜초 푸르른 한 줌 196
박종대 이유 외 1편 148	어윤호 귀동냥 외 1편 198
박혜진 20살의 청춘 150	엄창섭 아흐, 모정탑이다 외 1편 200
배성록 바다 삼킨 여인 152	여 운 여로 외 1편 202
배승희 봄 속으로 154	우영숙 달빛 연가(시조) 외 1편 204
배정규 만남 외 1편 156	우형숙 악수 외 1편 206
변종환 시집 한 권 외 1편 158	유안진 순교 외 1편 208
변희자 보고 싶은 어머니 160	유자효 순교 외 1편 210
사위환 능선의 속삭임 외 1편 162	유중관 풍란 외 1편 212
서영희 친구 외 1편 164	유 형 나의 별밤 214
서재용 초여름 길목에서 외 1편 166	이광희 상추밭에 외손녀 외 1편 216

목 차

이규원 고향	218
이근배 사람들이 새가 되고 싶은 까닭을 안다	220
이길원 깨진 시루 외 1편	222
이명우 산골풍경 2034	224
이범동 한 번쯤 외 1편	226
이보규 달 외 1편	228
이복자 낙화(동시)	230
이서빈 그러니까, 그 무렵	232
이선열 바람에 갈대는	234
이순옥 장마 외 1편	236
이순자 민들레 외 1편	238
이애정 대나무 어머니 외 1편	240
이영경 어떤 아쉬움 외 1편	242
이영애 라일락 외 1편	244
이오동 건조주의보	246
이인애 푸른 감성이 숨 고르는 시간 1편	248
이재성 가면 1편	250
이제우 귀뚜라미 1편	252
이주식 다락논 외 1편	254
이창식 한라산 둘레길 고사목 외 1편	256
이현경 너무 깊게 들어와버렸다 외 1편	258
이희복 가을이 오면 외 1편	260
이희선 영원한 사랑 외 1편	262
임보선 나의 산 외 1편	264
임애월 늦가을 외 1편	266
임하초 종각역 외 1편	268
장지용 울 엄마 어디로 가시나	270
전산우 산과 나와 그리고 자유 이야기 31행	272
전세중 텅 빈 (시조) 외 1편	274
전순선 노인과 개 외 1편	276
전영모 학암포鶴岩浦	278
정계문 뜨거운 감자 외 1편	280
정근옥 우주, 그 불멸의 詩 외 1편	282
정덕현 낙엽 한 장 외 1편	284
정성수 대한민국 외 1편	286
정순영 누름돌 외 1편	288
정영례 밤꽃에 홀리다	290
정용규 밤눈 외 1편	292
정정남 해제 반도 외 1편	294
정창희 강남 편지 외 1편	296
조규남 이불의 꿈 외 1편	298
조미령 애증의 생	300
조병무 지금 비무장지대에는	302
조승부 문을 열면 사귀게 돼	304
조온현 겨울비 외 1편	306
주광일 외나무다리 외 1편	308
지연희 껍질 외 1편	310
지은경 12월 외1편	312
차용국 엄마의 가을 사진	314
차학순 하얀 동공瞳孔	316

천도화 임원항구	318
최균희 매미 소리 (동시) 외 1편	320
최돈애 친구야 외 1편	322
최병원 6월이 오면	324
최임규 코스모스 들길	326
최임순 희망의 평화통일 외 1편	328
최 춘 엄마의 가을 스케치	330
최혜영 반 고흐의 낡은 구두에 대한 단상 외 1편	332
하갑수 허세虛勢 외 1편	334
하봉도 고목에 핀 꽃 외 1편	336
한상담 인연의 동행 외 1편	338
한상호 꽃차 만들기 외 1편	340
한임동 빛과 어둠 외 1편	342
허만길 호압사 약사전 고운 마음	344
허형만 가랑잎처럼 가벼운 숲 외 1편	346
홍중기 꽃을 닮는 시 외 1편	348
황옥례 매화 나무를 심다 외 1편	350

수필

고영문 말만 들어도 고맙네	354
고응남 복면가왕	356
권남희 글씨seed와 발아의 힘	358
김동출 신앙 안에 선물 '기침해방탕'	361
김영탁 그 몸에 깃든 참뜻은	364
김용옥 가끔 아픈 것도 한 축복이다	369
김희재 고양이가 사는 집	372
박용유 족행신足行神과 구름신	375
박진우 하늘 냄새	379
배병군 어머니의 소원	382
안윤자 반월	385
안종만 4년 만의 애기봉과 강화도 여행	388
이명지 들춤	391
이석곡 이효석의 詩와 같은 소설	394
이성림 하찮은 여름벌레와의 전쟁	398
장해익 개천절이 오면 생각나는 노래 '아리랑'	401
정교현 진화하는 장례문화	404
홍재숙 한옥살이	409

소설

김호운 헤르타 뮐러의 손수건	414
이광복 몰매	417
이은집 첫눈 내린 날의 야한 추억	423
장길환 환생幻生	426

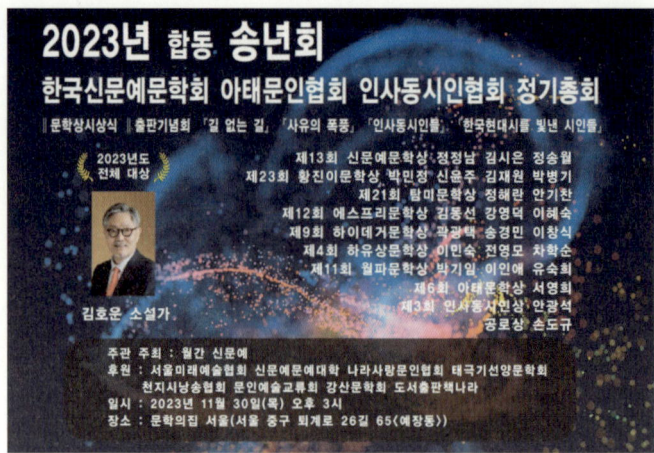

지은경 발행인의 인사말

이인애 사무총장의 결산보고

이근배 고문의 축사

단체사진

사회자 박경희 시인

공로상 손도규 시인

박은선 시인의 퍼포먼스

감사보고 박길동

심사평 발표 정근옥 문학박사

출판기념식 케익커팅

전체 대상 김호운 소설가

신문예문학상 본상 정정남 수상자

2024년도 전체 대상 김호운 소설가

월파문학상 이인애 수상자

월파문학상 유숙희 시인

탐미문학상 본상 정해란 시인

전영모 수상자

하이데거문학상 이창식 수상자

김재원 수상자

차학순 수상자

수상자 박병기 시인

신문예 가족들

2024 갑진년 해맞이산행

일시 2024년1월 3일(수) 오전 10시 장소: 북한산 둘레길 모이는 곳: 불광역 2번출구 지하안 주최: 한국신문예문학회
후원: 월간신문예 도서출판책나라, 한국신문예문학회, 아태문인협회, 인사동시인협회, 나라사랑문인회, 신문예문예대학,
서울미래예술협회, 태극기선양문학회, 천지시낭송협회, 문인예술교류회, 강산문학회

단체사진

도창회 교수의 덕담

지은경 박사의 덕담   새해에도 건강을 빌어요   새해를 찬양합니다   김운향 박사의 덕담

상록수 아래에서   뒤태도 멋져요   남성들만 어딜 가셨나요

정상에 도착했어요   신문예 삼총사 지금은 형제만   남는 건 사진뿐

8 _ 도도한 코끼리

영화관람 '건국전쟁'

CGV영화관 건국전쟁 관람

영화관 안

영화관 안

관람 후 오찬

관람 후 토론회

관람 후 토론회

고응남 시인의 평

정교헌 시인의 애국시 낭송

제41회 한국신문예문학세미나에 전국에서 참석한 문인들

세미나 발표

지은경 문학박사

박영곤 회장

김은수 교수

김왕식 문학평론가

사회자 박진우 시인

은점문학회의 꽃다발 증정

세미나실 청중석

의성문인들과

최치원 문학관에서

고운사 벽화 앞에서

연수원 앞에서

은점시인들의 시화전 앞에서

나의 삶 나의 인생 이창식 시인

이육사 생가 앞에서

이육사문학관 정문 앞에서

권정생 문학관 앞에서

신문예 미녀들

산소 청송정원

천당에 왔어요!

환영 프래카드 앞에서

3 1운동과 건국 대한민국

삼일절 105주년 현충원 참배
-강연 : 주광일 박사-

일시 : 2024년 3월 1일 (수) / 주관·주최 : 한국신문예문학회
후원 : 아태문인협회·인사동시인협회·대한민국애국문인회·신문예문대학·서울미래예술협회
태국기선양문학회·천지시낭송협회·문인예술교류회·강산江山문인회

2024삼일절 105주년 현충원 참배   헌화에 에스코트하는 직원

이승만 대통령 묘소에 헌화   지은경 박사의 인사말   최돈애 시인의 시낭송   강은혜 시인의 시낭송   박진우 시인의 시낭송

이승만 대통령 묘소에 도창회 교수의 분향   이승만 대통령 묘소 앞에서   김진중 시인의 시낭송   주광일 박사의 강연

만세삼창   현충원 둘레길   현충원

12 _ 도도한 코끼리

2024 이런 일 저런 일

세계한글작가대회 단체사진

최균희시인, 오경자대회장, 유자효시인, 김종회평론가, 지은경시인

문인협회 김호운 이사장과

한글 사랑 알베르히트 후베 독일교수와

김홍신 소설가와

현대시협 엄창섭 교수와 지은경 총회장

시의 날 참석

강은혜, 이창식, 하갑수 시인 출판기념식

이효시인 출판기념식

복날 하이아트호텔에서 황옥례 전회장과

한국신문예문학회 회장 박영곤 강진문학상 수상

발간사

길 없는 길

회장 박영곤

    다사다난한 2024년이 저물어 가는 이때 송년 사화집을 발간하면서 인사 말씀을 드리게 되어 송구하옵고 한편으론 영광스럽습니다. 금년에도 진실하고 아름답고 보람 있게 살면서 때로는 산새와 뜬구름에 물어보고, 때로는 새벽이슬 털고 나오는 외로운 그림자와의 투쟁도 불사하는 각고의 아픔이 있었으리라 생각하며 치하와 격려를 드립니다.

    누군가가 글을 잘 쓰기 위해서는 다독 다습 다작밖에 없다고 합니다. 그러기 위해서는 정신 즉 마음을 다스려야 합니다. 다산 정약용은 모진 유배 생활을 하면서도 후세에 길이 남을 500여 권을 저술한바 그 원동력은 그의 저서 심경밀험 心(심)經(경)密(밀)驗(험)에서 밝힌 바와 같이 죽는 날까지 마음 다스림을 우선하였고 마음 다스림은 공부밖에 없다면서 마음을 붙잡기 위해 학문에 더욱 정진하였다고 합니다.

    사랑하는 문우 여러분 이제 묵은해와 함께 다 내려놓으시고 새로운 마음 다짐 굳게 붙들고 공부에 매진합시다. 무지한 저는 매주 수요일 날 하는 문예대학 합평회를 통해 많은 것을 얻고 깨우치고 있음을 고백합니다. 공부를 통해서 무지를 털어내고 문우들과 함께 정담을 나누며 교제하는 기쁨이 여간 아닙니다.

    그래서인가요. 저는 지금 하루하루 행복하게 살고 있습니다. 돈도 안 되는 시를 왜 하냐고 빈정거리던 아내마저 지금이 최고로 행복하답니다. 그것은 임마누엘 칸트가 말한 행복의 조건을 다 갖추었기 때문입니다.

첫째, 독서를 즐기면서 글을 쓰는 할 일이 있고
둘째, 사랑하는 가족이 있고, 정 주고 싶은 문우님들이 곁에 계시고
셋째, 자족의 시를 많이 써 여러 권의 시집을 내고픈 강렬한 희망이 있기에 오늘도 나는 행복합니다.
사랑하고 존경하는 신문예문학회 회원 여러분!
다가오는 2025년엔 겸양의 미덕 앞세워 작은 것에서 기쁨 찾으시고, 행복은 감사하는 사람의 것이라고 아리스토텔레스가 말했고, 감사의 분량이 행복의 분량이라고 타고르가 말했습니다. 감사의 지혜 속에 축복이 가득 하답니다. 건승 건필하십시오.
새해에는 새 소망, 새 행동으로!
신문예 주인은 나다.
아자 아자 파이팅!!!

한국신문예문학회 회장 박영곤

격려사

문학은 독립운동하는 마음으로

지은경
(한국신문예문학회 명예회장 · 문학박사)

　축복의 계절 가을입니다.
　11월에 이상기온으로 반팔 여름옷을 입고 다닙니다. 여름에게 가을을 빼앗겼습니다. 그래도 자연은 본연의 임무를 잃지 않고 결실을 거두고 있습니다. 문인은 글쓰기가 본업으로 충실한 사람들입니다. 일 년을 하루 같이 달려온 결실로 한국신문예문학회 송년회 기념집 『도도한 코끼리』 제18호 발간을 축하드립니다.
　메멘토 모리Memento mori! 언젠가 우리는 모두 떠납니다. 죽음을 피할 수 없습니다. 주변의 많은 사람들의 죽음을 지켜보면서 어떻게 살아야 하는가 사유합니다. 문인은 글을 씀으로 존재합니다. 글로 모든 것을 말합니다. 글로 모든 것을 말할 수 있어야 합니다. 창작인은 어제도 구태하다며 독창적인 작품 짓기에 골몰하는데, 반세기 전에 배운 글을 답습하며 내 글이 최고라고 생각하는 만용 앞에 할 말을 잃습니다. 창작의 신작을 내놓지 못하면 기적이라도 바라는 마음으로 공부라도 해야 하는데 학교를 졸업하면 공부도 졸업합니다. 선진국의 지성들은 손에서 책을 놓지 않으며 끊임없이 독서합니다.
　문인은 어떤 생각으로 살아야 하는가.
　세계는 곳곳에서 전쟁이 끊임없이 일어나고, 북한 특수군 15만 명이 러시아에 파병되고, 하루에도 전쟁으로 수많은 생명들이 목숨을 잃는 현실입니다. 우리 문학을 하는 사람들은 무엇을 해야 할까요. 윤동주는 나라를 빼앗겨 모국어를 사용할 수 없던 시대에 모국어로 시를 쓰며 애국의 끈을 놓지 않았습니다. 모국어로 시를 썼다는 것은 나라를 지켰다는 말과 동의어입니다.

거대한 바람이 조용히 몰려오고 있습니다. 이를 모른다고 해서야 문인이라고 할 수 있겠습니까. 우리가 모르는 것이 무엇인지 냉정하게 평가하여 메타인지를 높여야겠습니다. 자기감정을 조절하고 공감능력을 키워 자기성찰을 하는 것이 스스로의 능력을 키우는 것입니다. 우리의 생각이 행동과 일치하는지 인식하고 관리해야 합니다.

詩

강에리 강영덕 강은혜 강준모 강진원 강창석 곽광택 구재기 권갑하 권규호 김경길 김경숙 김경순 김관식 김관형 김규선 김금용 김도연 김명자 김미정 김민정 김석인 김선일 김수연 김숙희 김애란 김영순 김영엽 김영용 김운향 김유조 김율희 김은수 김은심 김재원 김종상 김지호 김진중 김찬해 김춘자 김태룡 김태형 김하영 김현숙 김현숙(수영) 김후란 남현우 노신배 노유정 맹숙영 맹태영 명금자 모상철 문용주 민용태 박경희 박길동 박민정 박병기 박석현 박성진 박숙자 박영곤 박영애 박은선 박종대 박혜진 배성록 배승희 배정규 변종환 변희자 사위환 서영미 서재용 서진송 선유미 성기환 손도규 손수여 송봉현 신영옥 신위식 신윤주 신인호 심상옥 안광석 안재식 안재찬 안혜초 어윤호 엄창섭 여 운 우영숙 유숙희 유안진 유자효 유중관 유 형 이광희 이규원 이근배 이길원 이명우 이범동 이보규 이복자 이서빈 이선열 이순옥 이순자 이애정 이영경 이영애 이오동 이인애 이재성 이제우 이주식 이창식 이현경 이희복 이희선 임보선 임애월 임하초 장지연 전산우 전세중 전순선 전영모 정계문 정근옥 정덕현 정성수 정순영 정영례 정용규 정정남 정창희 조규수 조미령 조병무 조승부 조온현 주광일 지연희 지은경 차용국 차학순 천도화 최균희 최돈애 최병원 최임규 최임순 최 춘 최혜영 하갑수 하봉도 한상담 한상호 한임동 허만길 허형만 홍중기 황옥례

강에리 '엘리스의시가있는정원' 대표, 시집 『단 하나의 꿈』 제19회 황진이문학상.

어부 외 1편

육지에서는 좀처럼 잡히지 않는
행운을 낚기 위해
바다로 나가 그물을 던졌다

긴 기다림이 끝에
별처럼 빛나던 멸치들이 올라온다
갑판 위에 쏟아지는 은빛 몸부림
그물에 걸린 헐떡이는 목숨들

뜨거운 솥 속에서 삶아진
멸치의 생애가 채반에 널린다
바다를 누비던 자유는 미라가 되었다

기워도 기워도 줄지 않는 그물처럼
어부의 하루는 길고
그물코에 걸려 발버둥 치는 시간 속에
일 년은 속절없이 짧다

매듭

돌아보니
묶기만 하면서 살아온 세월
마디마디 아프다

남은 시간은 풀면서 살려고 했으나
오늘 또 새로운
매듭 하나 만들지 않았는지

어느 지점
풀리지 않은 매듭이 있길래
지나온 날들이 그리 아팠을까

남은 날들은 웃을 수 있게
기도하는 마음으로
오늘도 엉킨 시간의 매듭을 푼다

강영덕 한국문인협회 회원, 에스프리문학상, 시집 『시간의 채널』

삶의 향기 외 1편

계절을 사다가
손끝으로 가다듬어
마음의 향기를
식탁에 차리네

남편 먼저 시간을 먹고
아이들도 부시시
마음을 핥아 먹고 가면
빈 공기와 수저들이
안쓰러운 얼굴로
격려하며 맞이하네

가슴들이 출렁이는
바깥 나들이에
편안함을 주려고
계절의 마음을
정성으로 담으려
북적이는 장터로
나를 삼키려 달려 가네

터미널 비둘기 2
– 어미

땀방울로 일군 어미의 일 년 농사
명절 때 선물 받은 때깔 옷 단장하고
전국에서 보따리 보따리
터미널로 모여든다

맞벌이 막내아들네
김장조차 못 해 먹을까
낮은 포복 되는 키 아랑곳없이
노심초사 머리 위에 이고 인
손수 일군 팥·콩·깨·마늘·고춧가루…
빠질세라 싸고 싼 까칠해진 손바닥은
헤벌어진 보자기 속만 보아도
자식의 얼굴, 보름달로 보일 뿐

골패인 이마의 주름은
날 가고, 달 가는 세상 구경조차
자식의 배 속 따뜻하기만을 그린다

강은혜 천지詩낭송회 회장, 한맥문인협회 동인회 이사, 양천문인협회 부회장, 시집 「날개」 외.

산수유의 꿈 외 1편

노란 눈곱을 단 시골 처녀가
도시 구경 왔다

산골짝 바람도 따라왔다
도시 바람과 딱 마주치자
산골 바람은 주눅 들어 꽁무니를 뺀다

도시 바람이 속사 그린다
눈곱을 떼어주고 붉은 스커트를 입혔다
빨간 구두도 신겼다.

이제 도시 처녀로 변신하는 꿈
붉은 루주를 발랐다

이별의 서막

만남은 이별의 시작인가
이별의 시작이 만남인가
아니면 그 둘 다일까

밤새워 뜬눈
달빛에 부엉이 우는 소리만
구슬프다

은밀한 꿈속에서
그댈 부르는 소리만
메아리로 흉벽을 친다

오늘의 구름은
또 다른 그림을 그리고
오늘의 마음은
어제 마음을 거부한다

세월도 날개를 달고
사랑도 날개가 있다는 것을
몰랐다

강준모 고려대 정치외교학과 석사, 신문예문학회 회원, LG 연구원.

초코 외 1편

내 이름은 초코,
처음 만난 날
당신이 지어준 이름입니다

초코야- 라고 불러주었던
그 모든 순간이 행복했어요
참, 병원에 갈 때만 빼구요

이제 당신이 부르는 초코야-가
잘 들리지 않아요
대신 조금 슬픈 냄새가 나요

초코가 무슨 뜻인지 몰라도
당신이 지어주고
당신이 불러준 이름이라 좋았어요,

나는 이제 초코야-가 들리지 않아요
그러니 다음에 새로운 누군가에게
또 이름을 지어주세요

손톱만큼만

그녀는 코웃음을 쳤다
그는 그녀에게 손톱만큼 작은 존재였다

손톱만큼의 사랑만 받던 그에게
손톱만큼도 아까워하던 그녀가
손톱을 깎듯 이별을 말한 그런 날
손톱만큼만 기억해 달라 그랬다

내가 너에게 손톱 같은 사람이었다면
앞으로도 너에게 손톱 같은 사람이길 바라.

손톱은 그녀에게 매일 보였다
손톱은 자라면서 매일 잘렸고
손톱은 그럼에도 매일 자랐다
손톱은 거슬리면 매일 잘렸다

어느 날 손톱을 깎다 울었다
잘려난 손톱은 그다음 날에도
그리고 그다음 날에도 다시 자랄 것이다.

강진원 구미 출생, 철도청공보담당관, 동대구역장, 양천문인협회 회장, 시집 「낮은 목소리로 이야기하리라」 외.

말할 수 없는 것은 침묵해야 한다

말해질 수 있는 것은 명료하게 말해질 수 있으며
말할 수 없는 것에 대해서는 침묵해야 한다.
말할 수 없는 것 그것은 스스로를 내보인다
그것은 신비스러운 것이다
그가 말할 수 없다고 하는 것은 신, 윤리, 예술, 생명의
수수께끼
같은 신비스러운 언어들 참과 거짓을 따질 수 없기에
무의미하다

자연과학적 언어들은 세계에 대응하는 사실들이 있고
참과 거짓을 구분할 수 있기 때문에
참된 명제들의 총체는 '자연과학의 총체'라고 말한다
중요한 것은 단어의 고유한 뜻이 아니라 맥락이다
무리한 언어를 선 바깥으로 내던져버리고 가능한 한
언어를 다듬는 일을 해야 한다
우리의 언어들은 그것들의 형이상학적 사용으로부터
일상의 사용으로 되돌려야 한다.

* 비트겐슈타인 [철학-논리 소고]

시

자고 일어나 눈만 뜨면 쏟아내는 선량들의 막말들
나락에 떨어지지 않는 무딘 양심의 망치만 두들기는
저 무지막지한 음흉한 웃음 속에 갇힌 나는
어떤 길은 사람의 보기에 바르나 필경은 사망의 길!
그 길 위에 엉거주춤 서서 입을 닫는다.

*[(잠 16:25)]

강창석 한국문학협회 · 강남포에트리문학회 이사, 한국문학협회 문학 대상, 공저 다수.

소낙비 연가

칠팔월 더위, 마당에 먼지가 푸석푸석
마루에 앉아 발 그네를 타며 모악산을 바라본다
마른하늘에 먹구름이 몰려와
한바탕 잔치가 벌어진다
장대비가 대지에 입맞춤하자
토관土冠을 쓰고 금방今方 사라지고
연이어 물왕관水冠을 만들고…
자세히 빨리 보아야
왕관을 볼 수 있다

한바탕 오케스트라 연주가 끝나면
더위는 사라지고 시원함을 느끼게 한다

먹구름 걷히고 잔치가 끝나자
햇볕은 원래대로 돌아간다

잠사에 들어간다
먹구름이 몰려온 것처럼 어둑어둑하고
조명 불빛도 꺼지고 창문도 닫혀 있다
4령 잠을 자고 난 누에들의 만찬
요리는 푸르고 빛이 나는 한 가지뿐

시

가만히 서서 눈을 지긋이 감고
뽕잎을 갉아 먹는 소리
오케스트라 연주를 듣는다

소낙비 소리를 참 좋아한다
비가 오지 않아도
잠사에 연가를 들으러
그곳에 가 본다.

곽광택 동작문협 고문, 한국노년인권협회 감사, 시집 『마음의 고향』 외.

사랑한다고 외 1편

영혼과 영혼이
뜨거운 가슴에 눈물 흘릴 때

외로움도 설움도
삶을 묻지도 말라

잠시 잠깐
이별과 슬픔 바람에 날리고

고마운 사람
미운 사람도
사랑한다고

연가

당신의 웃음은
행복이다

당신의 눈물은
소중한 진주다

당신의 마음은
그리운 향기

당신의 작은 사랑
천심을 향한
타오르는 불꽃

구재기 시인·수필가·평론가, 한국문인협회 부이사장, 한국문학상 외, 시집『모시올 사이로 바람이』외.

파스를 붙이며 2 외 1편

장마가 잠시 그친 뒤에
호미 하나를 달랑 들고
잡초를 뽑는다
햇살 맑은 마른 흙 깊이
호미날로 찍어내는
잡초의 뿌리는
마른 흙과의 단단한 결속으로
여간내기가 아니어서
한 뿌리를 뽑아내는 데도
보통 힘든 게 아니다
비가 오고
마른 흙이 촉촉이 젖어있으면
내린 빗물이 흘러 스며들면
어렵기는 매한가지이다
뽑아낼 때는 언뜻 쉽지마는
젖은 흙이 잡초의 뿌리를 잡고
뿌리와 함께 뭉쳐져 나온다
잡초를 뽑아낸 것이 아니라
숫제 진흙 한 덩어리와 함께
옮겨 심는 꼴이 된다

차라리 마른 흙에서
잡초를 뽑아내는 게 훨씬 좋다
잡초에 비 내리는 모습을 바라
보면서
손가락 마디마디, 팔목을 주무
르다가
파스 한 장을 꺼내 붙인다
잡초를 뽑다 얻은 아픈 자리에
진흙 같은 파스를 붙여둔다

돌

법회의 준비는
끝이 났다
쭉정이와 불필요한 것은 사라지고
가장 뛰어난 정수만 남았다
눈도 움직이지 않은 채
생각을 하나하나 버리면서
무엇에 열중하고 있었던 것일까
머언 하늘 아래를 바라보았다
같은 방향으로 가는
바람의 길을 함께 하면서
얼마나 어리석었던가
구름에 갇혀서
뇌성을 듣지 못하고
어떻게 비 내리는 소리를 들을 수 있었을까
먼 날에 이를 곳은
아직도 까마득했다
홀로 떨어진
저, 거대한 침묵
갈 길은 언제나 끝이었다

권갑하 문화콘텐츠학박사. 현) 강남문협 회장, 〈조선일보〉〈경향신문〉 신춘문예 당선. 중앙시조대상 외, 시집「겨울발해」외.

(시조)
달항아리 외 1편
- 청빈

꽃도 마다하고
새도 날려 보내고

허기마저 내색 않는
묵묵한 저 기품

밤이면
달빛을 감고
어둠 훤히 밝히네

윤필암

산도 무릎을 꿇고 이마 높이 맞댄 하늘
그날 목은*이 남긴 햇살 같은 문장 한 채
풍경에 설법 청하면 헤아릴 수 있을까요

길은 마애불 앞에서 걸음을 멈추었고
생각을 다한 물소리 소리마저 지웠네
마음의 머릴 잡은 듯 바위 뿌로 솟은 탑

간절히 사무치면 허공에도 꽃이 필까
부처 없는 사불전 내가 내게 절을 하면
무량한 사불의 공덕 비단구름 펼치네

*목은 이색이 나옹화상의 사리 봉안을 위해 지은 문경 대승사 암자의 기문 집필료를 받지 않고 건립비용에 충당하게 해 절 이름을 윤필암이라 했다.

권규호 경북대학교·안동대학교 근무, 화폐박물관, 금호아시아나 근무, 대통령 표창, 국무총리 표창,

친구야 우리 줄 서러 나가 보자

친구야!
돈벼락 맞는 줄에
우리 한번 나가 보자

뭐니 머니 money 해도
돈이 최고 아니냐

돈은 밥을 묵지 않고
돈을 묵고 산단다

똘똘한 아파트 한 채 당첨되면
돈벼락 맞는기라

친구야!
우리 줄 서러 나가 보자

꾸역꾸역 일만 한다고
돈 벌리는 게 아니란다

돈은 귀신도 부리는
신통한 재주가 있단다

시

돈이 돈을 버는 세상에서는
돈줄에 서야 한단다

친구야, 그런 줄에
우리도 한 번 줄 서러 나가 볼까

그런데 어젯밤 곰곰이 생각해 봤는데
아무래도 난 그만 둘란다

친구야,
뼈대 없는 돈줄 대신
흙냄새 나는 고향에 가 살란다

김경길 kt전화국장, 방통대 국문학과졸, 한국신문예문학회 회원, 시집『하늘 향기』

송년회 외 1편

넘기 아쉬운 듯
서산에 걸쳐진 석양
비단 자락으로 산허리 덮는다

마지막 해가 아니길
막걸리 잔에 소망 타
목청 높여 "이대로"를 외친다

제아무리 버티어도
어차피 비워야 하는데도
젊음을 돌려다~오
술잔에 희망을 마신다

물색없는 나이테에
허리 꽁꽁 둘러져도
아직, 마음은 그때 그대로
옹이 져진 신음 거칠다

시

흔한 인사말 한마디

누군가를 돌보는 일
생각도 못 했는데
오히려 내 입술에 미소 져진다
.
"말벗 해 드릴게요"
"그럼 나야 좋지"
내 손 꼭 잡고 글썽글썽

자식이 무슨 소용
소식 끊고 지내 온 지 오래
"고마우이 고마워" 말벗해줘

"잘 주무셨어요"
"아침밥은요"
"아프신 데는 없나요"
흔한 인사말 몇 마디
꼼짝하기 싫다던 어르신
새벽 산책 다녀왔단다

김경숙 지현야생화 연구소장, 《월간문학》시부문 2007년 등단, 세종문화예술상대상 외, 저서 『빗소리 시청료』 외.

분봉

분봉 중인 아까시꽃들
새로 생긴 나뭇가지 끝으로 한 뭉치
꽃무리가 부풀어 갑니다.

저건, 분명히 벌들에게 배운 방식일 겁니다.

꽃들은 벌의 속도로
봄밤과 초여름 밤을 날고 있습니다.
어느 마을에선 알전구들이 집단 폐사했다고 합니다만
똑딱, 피고 지는 스위치들 주변은
늘 거뭇한 먹구름이 끼어 있기 마련입니다.

분봉 속엔 한 마리 중심이 붕붕거립니다.
마침표 하나가 막아버린 벌통 입구를 오해라 말하지만
오해를 직역하면 열쇠가 되기도 합니다.
중심은 자라는 것이 아니라
나뉘면서 생기는 일이니까요.

시

늘 밤엔 꽤 먼 곳까지 벌들이 날아갔다 오려나 봅니다.
북두칠성 부근에서 가뭇한 벌 한 마리가 밤나무 한 그루를 몇 센 치쯤 여름 쪽으로 끌고 간 것이 보인다면 그쯤, 텅 빈 새 벌통을 가져다 놓기 좋은 장소일 것입니다.
세상은 좁아지고 다시 넓어지고
다시 좁아져도 늘 똑같은 크기를 유지합니다.
가령, 사과 씨 하나가 옮겨놓은 한 그루의 사과나무에는
새로운 태양계의 군락지가 탄생하니까요.

밤새 꽃들은 아득한 별자리를 향해 분봉하려나 봅니다.
그 사이, 달콤한 봄이 몇 킬로미터를 북상했습니다.

김경순 사)국제PEN한국본부 이사, 사)한국문인협회 대외협력위원회위원, 사)한국현대시인협회 이사.

회귀본능回歸本能 외 1편

밋밋한 일상에
물결주름 남기고 싶을 때는
강물에 날뛰는 은어처럼
거부하는 몸짓으로
순간을 거슬러 시간여행 더듬는다

어제 위에 오늘을 띄워 보내고
상큼하고 화려한 새날 위에
비상하는 한 마리 새가 된다

현실의 아킬레스건 느슨하게 풀고
잠시의 일탈로
아이콘 없는 바탕화면에
도돌이표 그려본다

무량수전 배흘림기둥

겨울을 앓고 난 듯 수척해진 무량수전
사바, 그 숨결소리 겹친 능선 넘나들고
만삭의 배흘림기둥 달빛 아래 몸을 푼다

하늘 못 헤엄치던 목어도 잠든 한밤
신라 천년 머리에 인 팔작지붕 모서리 쯤
한 마리 휘파람새가 적막을 깨뜨린다

어스름 능선 위로 별빛 너덧 게워 놓고
휘적휘적 새벽 넘는 촛불의 저 손사랫짓
산허리 휘감아도는 아침놀이 눈부시다

김관식 시인·아동문학가·평론가, 전남일보 신춘문예 문학평론, 김우종문학상 외, 저서 『현대시 창작방법과 실제』 외

고추 농사 외 1편

늙은 시골 농부는 텃밭에 고추 심고
고추 한 포기마다 스틸지지대 하나씩 꽂아놓는다
해마다 고추들은 받쳐주는 지지대 믿고
뿌리는 대충대충 줄기와 잎에 몰두했다

그나마 고추들은 고추 꽃 피고
고추가 매달리면 제 몸 하나 지탱하지 못하고
바람 불 때마다 딸랑딸랑 휘청휘청

허리 굽은 농부는 마을 회관에서 마을 어르신들과
풋고추 몇 개 따와 된장에 찍어 와삭와삭 깨물어 먹고서는
막걸리 한 사발 꿀꺽꿀꺽 카아…
쓰윽 손등으로 턱을 훔치고 일어섰다
집으로 돌아가는 어르신들의 지팡이가 흔들흔들
마을이 삐꺽거렸다

제 몸 하나 가누지 못하는 고추밭 주인처럼
고추들은 여름 땡볕 매섭게 익어갔다.

강 안개

봄날 아침
강변에 안개가 피어오르고 있었다
겁도 없이 뜨는 해를 가로막고 있었다

바람이 바쁘게 안개를 거두어내자
가려진 해가 제 모습을 드러내고
김 서린 차창 밖으로
강변 풍경이 서서히 드러나기 시작했다
갈대밭이 서서히 제 모습을 드러냈다

수시로 변하는
수묵화 화폭 속에 들어앉은
갈대들의 세대교체

아침마다 강 안개는
지난해 갈대들의 흔적을
지워내는 것을 돕고 있었다.

김관형 건국대행정대학원 졸업, 산업통상자원부·특허청 심사관, 명지대 교수, 한국신문예문학회 자문위원, 쟝폴싸르트문학상.

밝은 길 외 1편

세월 흐름의 인연을 이어가는 숨결
머무는 나그네의 길은 몇 구비냐
비바람이 불고 눈보라가 쳐도
온 누리에 햇살의 선물을 받아
허공의 둥지에서 무거운 시간을 삭혀 가면
지난 자국에 고난의 눈물만 괴지 않는다
끝없는 세월의 미로 신기한 꿈길을 맞아
재치 있는 슬기의 지능을 넓히면
새날 이는 문명을 짓고 행복을 이룬다
황금주머니만 한없이 불리고
높은 자리를 차지한들 무엇 하나
황혼이 지면 빈손 끝에 이는 거품인데
피땀이 엉긴 열매 으뜸 향 이뤄
곤한 아린 곳에 고된 빗장 풀어 베풀고
서산 넘어 숨는 노을 낙엽 지는 숨결
알몸으로 가는 길이 밝은 길이다.

시

예쁜 멋

마음이 착해야
예쁘고 멋있다
배려 깊은 미소의 맵시를
자주 보면 더욱 곱다
누구나 그렇다.

김규선 상전교회 목사, 의성군 문화관광해설사, 국가지질공원 해설사.

봄 경험 외 1편

오월이 오면
친구를 만난다

한 잔
한 잔
한 잔

달 보고 한 잔
별 두고 한 잔

취해서
잠이 든다

눈뜬 새벽
세상 꽃 천지

꿈 낚시

아버지
식사하시는 동안
낚시꾼이 된다

움직이지 않은 쫑대
이리저리 낚싯대를 움직인다

물속에 잠겨있는 꿈
아차 하는 순간
들어 올린다

잽싸게 챈다
떡붕어 한 마리

김금용 1997년 《현대시학》등단, (현)계간 《시결》주간, 펜번역문학상·김삿갓문학상 외, 시집 「각을 끌어안다」 외.

제멋대로 외 1편

암자 한복판에 우뚝 솟은 측백나무 한 그루
우람하니 잘 컸네요, 했더니
스님이 되묻는다

저 나무가 왜 잘 자랐는지 아는가
제멋대로 둬서야

생긴 대로
흐르게 두어서

진돗개 한 마리도
낯선 외지인들 아랑곳 않고
마당 한가운데
네 다리 뻗은 채 자고 있다

시

포착

푸른 내 그림자 아래서

별빛 눈동자 뜨는 토끼풀꽃들

그래,

내가 마고할미다

김도연 서양화가 · 시인 · 수필가, 한사랑문화예술협회고문, 종로예총 자문위원, 시집 『그리고 여백』 외.

세상 사는 법 외 1편

어려운 일인 줄만 알았는데
살다 보니
이보다 더 쉬운 일도 없으리
그저 그대로 믿어주고
있는 그대로 보아주고
사랑하면 되는 것을
마음먹기 달렸다니
이왕이면 사랑하기로 하자
뒤돌아봐도 후회 없도록

후유증

부드럽게 휘감는 바람 안고
꼭꼭 동여맨 상처들을
곪아 터지도록 감싸고만 있었지
스스로 인정하지 못하고
외면하는 새로운 인연들

안으로 안으로 더해가는
외로움 속에 무장해제된 마음도
스스로 심술궂은 도리질
굳게 닫아버린 빗장을 열고
눈부신 빛으로 미소 짓는데
위선과 거짓으로 슬프게 하고
떠나갈 때에 비로소 잡으려 하지만
이미 돌아선 마음의 여백은
허무하게 사라지고
또 하나의 형벌이 되었지
이제 더는 믿을 수 없다고
언젠가 퇴색될 빛이라고
선물로 온 인연을 알아채지 못하고
애써 밀어내는 고통은
어려운 절제라고 위로해 보지만
배신의 상처로
볼 수 없게 된 순백의 사랑

김명자 시인 · 시낭송가, 박화목문학상 외, 시집 『카오스의 눈물』 외.

지금처럼만 외 1편

알토랑 같은 사랑하겠다고 황토 흙집 짓다가,
팝콘 같은 사랑 꿈꾸며 백목련 심다가,
저녁 이슬 하얗게 내리는 줄 몰랐네

땀 뻘뻘 흘리며 뛰어오느라
행복인 줄 모르고
사랑인 줄 모르고
무심히 보내버린 어제 그제의 시간들

발 동동 구르며 안타까워 우는 지금,
아쉽지만 그래도 감사하고 싶어

아무것도 모르는 체
예쁜 꿈꾸게 해준
눈 깜짝할 새 지나가 버린 시간

살아 숨 쉬는 동안
살아 느낄 수 있는 동안
나, 행복하고 싶어 지금처럼만.

그해 가을은

팽나무 이파리가
알록달록 참 예뻤었지
옛날 삼각자에 새겨진 도형처럼
사각사각 먹어 들어간 벌레의 입자국도
참으로 예술이었다, 그해 가을은

노란 알맹이가
하늘을 날다 떨어져 통통 구르고
나풀나풀 날리는 잎사귀는
천사들의 발레리나를 연상케 했었다
그해 가을엔

불어오는 바람은
꿈결처럼 감미로웠고
바람에 업혀 넘어오는 구름 조각은
천상의 무대가 내려오는 것처럼 황홀했다
네가 있어서
너와 함께한 시간들이어서

김미정 한국현대시인협회 이사, 김소월문학상 외, 저서 『그늘 좋은 나무 아래』 외.

노옥, 그 화해

우주 공간에 떠도는 별
허공에 지어진 집 한 채
풍우에 시달리고 뙤약볕에 그을며
시간의 탯줄에 목조인 채
물레방아처럼 쉴 새 없이 돌고 돈다

타오르는 내궁, 시련의 불꽃들
자멸하는 욕망의 터널과
예기치 못하는 물살에 부대낀 낡은 가옥
뒤틀린 축에서 삐져나오는
녹슨 못들과 경첩

재건도 복구도 안 되는 고옥
예저기 시멘트 병동에서
나사를 갈아 끼운다는 소식
얼마나 더 견딜 것인가
동병상련의 아픔과 두려움에
가슴을 내주다가

시

문득 빛줄기 하나를 만나니
그래, 허공의 집이다
허공에 지어져 허공으로
아니 천공의 별 하나로 가는 길
무엇이 두려우랴

김민정 시조시인 · 수필가 · 문학박사, 한국문인협회 부이사장 겸 상임이사, 저서 『펄펄펄, 꽃잎』 외.

(시조)
석촌 설법說法 외 1편

잠실 벌 감싸 안은 이른 새벽 호수 둘레

먼동이 떠오르자 잠이 깬 새떼들이

산책길
발걸음 따라
앞서거니 날아든다

또 하루 꿈을 좇는 파문이 번져들 때

바람결 죽비로 와 고요를 깨뜨린다

이정표
갈림길에서
주춤대는 가을길손

철없이 봄은 가고 덤벙대듯 지난 여름

감춰둔 눈웃음이 이마에 스며들자

어깨에
얹히는 나이
그 무게도 제법이다

정방폭포

직립의 곧은 길을 여기 와 나는 보네
구차함도 망설임도 거느리지 않는 몸짓
뉘 위한 간절도 기도 저렇게 쏟아내나

아득히 햇빛 너머 떨어지는 저 고요,
용머리 구름 아래 떨어지는 저 고요,
마음 끝 둥글어지게 모난 곳을 깎아주며

눈 속에 감추어둔 근심이 있었던가
눈물로 젖어 들던 무엇이 있었던가
서귀포 다 못한 사랑, 나는 네게 안긴다

김석인 시인·수필가, 안중근의사문화예술연합회 자문위원, 시집 『詩가 뭔데』 외.

명품 사람 외 1편

요즘 언론 매체에는
명품 가방이 화제다
뇌물이니 선물이니 하는데
서민에게는 관심 밖이다

입은 옷이 몸에 맞아
마음이 편안하면 명품이고
시계는 시간을 정확히
알려주어야 명품이라 하고

가방은 필요로 하는 물건을
넣을 수 있어야 명품이고
지갑은 배고픈 사람에게
지폐가 나와야 명품일진데

언제나 너그러움과 따뜻함으로
배려심과 감사의 마음을 가진
그런 명품인 사람은 어디 계신가요

치매 환자

어린아이가 따로 없다
행동을 보고 판단한다
보훈병원에 검진차 가서
검사를 마치고 구내식당에 오니

젊은 여자가 70대 어르신을 부추겨서
식권 판매대 주문을 하는데
이거저거 음식 명칭을 알려주며
뭘 드실 건지 여쭙는다
이거도 먹는다, 저거도 먹는다
손가락으로 메뉴를 짚는다

판매 아가씨가 이거냐 물어도 응
저거냐 물어도 응 다 좋단다
어린애 같은 행동이다

남의 일이 아니다
멀지 않은 날에
나라고 장담할 수 있을까
서글픈 일이다
나의 미래를 보는 것 같아서

김선일 주)이알 대표이사, TV서울 논설위원, 《부산문학》시조부문 신인문학상 수상, 시집 「별아 바람아」

바다 외 1편

하늘 닮아 잿빛 이루고
낮은 자리 겸허의 뿌리 심어
유유한 발자국은 말발굽보다 빠르다

황금 서녘 노을 찬란해도
포용의 그 잔주름은 태산의 위용을 덮는다

햇살의 따가움이 윤슬의 구슬 되고
달빛 처연함도 진한 악기가 된다

초록의 깊은 정 굼실굼실 담아내어
쓰라린 그대 아픔마저 돛에 얼룩 되고
붉은 정열은 생명에 넘실거린다

가을

아직 푸른 햇살이 따가웁고
그늘의 잔주름이 바람을 부추기니
여린 듯 싱그러운 아침이 열린다

노란 향기 옷깃 적셔도
붉게 우러나는
무화과의 부드러움이 입술에 묻는다

열정 뿜어
길게 추스려 담아
여백 드리운 잔잔한 미소가 여문다

스산한 대나무 흔들림이
차가웁게 젖어가고
저 멀리 구름 노을이 새롭게 포근하다

김수연 시인·시조시인·문학평론가, 한국문인협회 미주지회 해외문학상 외, 시집 「시 짓는 여자」 외 시조집 다수.

시조
구름 구두 외 1편

시린 발
휘우듬히
구름 속을 걸어 나와

떠밀려 어긋나던 한 생애 거닐다가

허공에
발버둥치는
번개에 접질린 발

구름 잡기

구름길
못다 익혀
거친 호흡 지쳐가고

더러는
바람 앞에
꿈을 품고 뒹굴다가

태어나
얽매임 없이 달렸건만
그 자리

김숙희 시인·시낭송가·문학박사, 전국시낭송대회 13관왕, 시집 『국수와 소녀』 외, 현)전남생명과학고 영어교사.

미련한 독서 외 1편

해오라기 한 마리가 그의 저수지를 읽다가
돌아가는 중이다

자신에게 할당된 도서圖書를
바람이 먼저 몇 페이지 넘겨버리고 갔는지를
헤아려 보는 일이
우리들의 인생이었을지 모른다

어느 여행지에서 미련한 독서를 만났다
높고 기다란 폭포에서 떨어지는 물소리를
하염없이 읽고 있었던
늙은 노간주나무 한 그루도
튀어 오른 물방울에 눈시울이 젖어 있었다

평생 동안 가족들만 읽어내었던
어머니의 부엌 독서 같은
미련함을 한참 바라보았다

접시꽃이 피었다

사람과 동물들을 만들고 돌아가는 길에 조물주는
꽃씨를 남기고 갔다

시간이 지나자 사람들은 자신들을 만들어준 그를
잊어버리는 것 같았는데

접시꽃 한 송이 화단가에 피었다

사람들을 대신하여 신에게 고마움과 미안함을
접시에 담아 올렸다

김애란 시인·수필가·여행취재작가·숲해설가, 시집「하늘빛 닮은 원석으로」, 전자시집「새들처럼 노래하다」외.

브람스를 좋아하세요

거인 베토벤 발자취를
등 뒤에서 들으며

영혼을 울리는 작은 메아리들을
정신 깨우는 음악으로 승화시키고

첼로의 선율을 타고서
클라라에게 사랑을 고백하지만

받아 줄 수 없는 마음은
비올라 선율에 흐르고

시

잔잔한 피아노 소리에
미안함도 흐르고

비 오는 아침,
그 음악을 들으며
'자유롭지만 행복하게'를
음미하며 마시는 진한 에스프레소

김영순 시인·수필가·소설가, 대한적십자사 정년퇴직, 월간(신문예)등단, 신문예문학회 사무국장, 제11회 에스프리문학상 외,

껄껄껄 외 1편

없어서 못 한 일 미루다 못 한 일
참느라 못 한 일 민망해 못 한 일들

먹고 싶은 것 가고 싶은 곳
하고 싶은 것 주고 싶은 것

조금만 참을 껄 칭찬도 해줄 껄
평소에 잘할 껄 모두 다 해볼 껄

고맙다고 말할 껄 미안하다 말할 껄
사랑한다 말할 껄 나눠주고 베풀 껄

그때그때 못한 일 이제라도 해 볼까

지나고 보니 헛웃음만 껄껄껄

故박순희님의 영전에 바칩니다

고故맙습니다. 어머니
박朴순희님의 크신 은덕
순順수하고 아름다운 배려로
희姬노애락 가슴에 묻고 사신 세월
님의 사랑 끝 간 데 없이 크고 넓어 당신
의 형제자매 모두에게 베푼 사랑
명冥자꽃 붉디붉은 열정과 희망으로
복福 지어 자녀들 바라지 평생
을 쉬지 않고 베푼 은혜 잊지 않고 빌고 또
빕니다. 부디 좋은 곳에 거하소서. 고맙습
니다. 사랑합니다. 부디부디 행복하소서.
다음 생애에도 꼭 만날 수 있기를 빕니다. 어머니!

김영엽 사회복지석사, 신문예문학회 회원, 인사동시협 이사, 황진이문학상 외, 시화전입상.

해변의 추억 외 1편

어느 여름날 해변에서
저 멀리 지평선 바라보는데
어느새 눈앞에 밀려오는
산더미 같은 하얀 파도
웅장한 대자연의 힘과 티끌만 한 나

고운 모래밭에 발자국 남기면
하얀 물거품 밀려왔다 사라져 가고
저 깊고 푸른 바다가 나를 유혹하지만
밀려왔다 밀려가는 거대한
파도를 넋 놓고 가만히 바라본다

천지는 위대하고
나의 존재는 모래알 같은
한 조각의 피조물
창조자의 섭리 위대하심을
내 온 영혼으로 노래하리

성가곡

밤늦은 줄 모르고
살아가는 이야기를 주고받은
죽마고우 절친

카톡으로 보내 준
성가곡을 듣고 있노라니
마음이 차분히 가라앉는다
고운 목소리는 아닐지라도
나이 들어도 성가대를 한다는 게
얼마나 귀하고 아름다운 일인가

아무도 모르는 맘속의 고뇌와
번민을 내려놓고
평안을 느낄 때
내 삶의 의미와 행복을 느끼리

적막한 밤 눈을 감으니
어디선가 성당의 종소리가
들려 오는 듯하다

김영용 시인·수필가,〈문인예술교류회〉회장, 한국문인협회 회원, 꽃뜰힐링시낭송회 수석 부회장 역임.

그대는… 외 1편

재잘거려도 이쁘다
투정을 부려도 귀엽다

고사리 주먹손으로
마구 때려도 사랑스럽다

당신이 내게
아가페 사랑 안경을
선물했기 때문이다.

너는 아니

너는 아니
네가 보고 싶어도
너를 위해 꾹 참고 기다리고 있다는 것을

너는 아니
무뚜뚝하게 굴어도
내 속마음은 그렇지 않다는 것을

너는 아니
만두 한 개가 남았을 때
배부르다고 젓가락 놓는 것을

너는 아니
네가 돌아서 갈 때
골목길 네 모습이 사라질 때까지
항상 지켜보고 서 있다는 것을.

김운향 문학박사 · 시인 · 소설가 · 평론가, 작가교수회 상임이사, 시집 · 소설집 다수.

단군의 노래 외 1편

하늘을 향해 두 팔을 뻗어서
너른 벌판에 환웅과 웅녀의 기운으로
고조선을 세웠네

단군의 땅에는 새싹이 돋고
햇살 아래 잘 익은 곡식이 춤추며
농민의 얼굴에 미소를 심어주네

어둠 속에서 길을 찾게 하는
단군의 정신은 농민의 힘으로 이어져
땅의 소리, 바람의 노래를 들려주네

단군의 후예들이여!
푸른 산과 넓은 들판
광활한 자연 속에서 내일을 향해 꿈을 펼쳐라

천년이 지나도
바람은 속삭이고 구름은 흐르며
단군의 이름은 길이길이 빛나리라.

눈사람 모자

희뿌연 여명을 뚫고 새해의 산 위에
해가 둥두렷이 떠올랐다

일제히 날아오르는 새들의 날개짓
멀리서 들려오는 비파소리
머리끝에 휘감긴다

찬바람 속에서도 빛나던 꿈의 조각들
햇살이 내리자마자 사라진 눈사람 그대

하얀 마음 하얀 피부
이제는 흰구름 요람 속에서 큰 모자 벗고
천사의 얼굴로 잠들다.

김유조 국제PEN한국본부 부이사장, 건국대 명예교수(부총장 역임), 소설집 『세종대왕 밀릉』외.

우선순위 외 1편

마트의 엘리베이터 문 앞에서
카트가 귀한 유모차 앞을 가로막기에
쓸데없이 참견하렸더니

카트에는 인스턴트 혼밥이 가득
유모차에는 도그 푸드가 쪼르르
반려견과 동승이다

핀잔만 들을 뻔
밥이야
사람이 우선하는 법

여행자의 잠언 3

여행지 버킷 리스트가
속박의 굴레를 푸는
열쇠 꾸러미로 여겼지
인증 샷은 해방구의 여권

방문지마다 분실 우려로
전경全景을 배경 삼는 인물 사진 넣느라
시시각각의 수고로움도
즐겨 마다않았지만

돌이켜 보니 모두
절경에 구차한 이름을 새긴 꼴

마침내 얼굴 빼고 찍은 사진들이
사증면제처럼 여행자를 자유케 하는데

다음에는 눈에만 담고 오리
마음속 버킷 리스트도 내려버리고

김율희 국제펜한국본부 편집장, 한정동문학상 외, 저서 『코코코 나라』 외.

비트켄슈타인*의 구두

나는
비트켄슈타인의 등짝 위에서
긴 코를 흔들거리고 있는
코끼리를 바라본다.
빨아야 할 빨랫감처럼
후줄근해진 삶 위에서
나의 시계소리는 늘 시끄럽기만 하고
푸른 하늘은 너무 높다.

존재하는 것들의 온기만으로도
행복해질 수 있는데
멀리 있는 그대와
길 떠나는 그대 걱정으로
나의 하루는 늘 고단하다.

아!
밝은 태양 아래
우리 삶이 이토록 빛나는 것이었거늘

시

나의 하루가
나의 삶이
굽이굽이 흐르는 청청한
강물이었거늘

그대, 비트켄슈타인의 구두를 신은 나는
헐렁헐렁 뚜벅뚜벅
코끼리를 타고 길을 떠나네.
태산처럼 높았던
내 마음의 절벽
훌쩍 강 위로 던지고.

*비트켄슈타인: (1889-1951) 논리학, 수학 철학, 심리 철학, 언어 철학을 다룬 오스트리아와 영국의 철학자

김은수 한국문협 문화선양위원회 위원, 현대시협 중앙위원, 《은점시학당》 주간, 경북문학 대상 외, 시집 「모래꽃의 꿈」 외.

고운 그늘에 서면 외 1편

고운사 그늘에 들면
바람이 인다

야윈 소매 사이로 오는
천 년의 날갯짓에 귀를 연다

산이 되고 나무가 된 등운산
시원한 바람 골을 울린다

예나 지금이나 바람은 일고
바람 따라가는 노을

풍경 소리 멎은 지 오래
노송 그늘에 별빛이 고인다

드라이플라워

오늘도
꽃병의 물을 간다

안개꽃에 숨은 프리지어
옷자락에서 향기가 난다

하루하루 말린 꽃병 속에
생생한 꽃 피었다

가부좌 틀고 앉은 별별
더 이상 물을 탐하지 않고

김은심 시인 · 여행작가, 〈씨앗 보석〉 대표, 한국음악저작권협회 회원, 시집 『씨앗』

목성 외 1편

너의 큰 사랑
보이저1호를 통해 알게 되었지
크기는 지구의 1,320배
기온은 영하 120도
수천도의 액체 수소가 흐르고
남아메리카 대륙보다 더 큰 번개가
수도 없이 치고 있구나
상상이 불가능한 너의 존재가 신비롭구나

태양계로 날아오는 수많은 소행성들
지구만한 슈메이커 레비 혜성도
네가 몸소 나서서 해결해 주었지
지구의 수호천사 목성
지구가 안전할 수 있어 고맙다
중력으로 끌어안고
자신은 부딪히고 깨어지는
극한상황에서도 지구를 지켜주어 고맙구나

안드로메다 은하 2

무지개빛 찬란한 너의 별빛
그저 단순히 별인 줄 알았는데
태양과 행성이 가득하구나
무지개 은하를 너머
일일이 다 헤아릴 수 없는
안드로메다 빛나는 아름다운 별들
오늘 밤 상상의 나래로 별을 품는다

김재원 한국신문예문학회 부회장, 한국문인협회 회원, 시집 『동화빛 세상』 외.

치매 외 1편

수많은 시간
겨울을 달래며 무심한 하늘
메워 봄을 피워내신 당신

조금씩 내딛는 발걸음은
굽이진 세월의 그림자
하루가 다르게 짧아져 가고

먼 길을 떠나야 하는
준비된 삶을 알지 못하고
어린아이처럼 울고 웃으신다

자신을 닮은 자식들을 위해
손톱달 바라보며 걱정했던
고운 모습은 어디로 갔는가

풀꽃만 바라보며
넓은 논밭의 숨소리를 키웠던 날들
차라리 기억을 버리셨을까.

빗소리

네가 먼저 창을 열고
잠을 깨우지만
내민 손을 잡을 수 없는
너에게 수없이 아팠었고

애써 만들려고 했던 인연
형체 없는 것들에
오해의 분노는 커져만 가고
마음의 상처는 깊어만 갔었지

유난히 떠나지 않았던
너의 아름다운 모습은
빗방울과 함께 튕길 때마다
너를 넣은 찻잔이 이젠 가벼워진다

김종상 1960년 서울신문 신춘문예 당선, 대한민국문학상 외, 동시집 『흙손 엄마』 외.

(민조시)
어머니 김밥 외 1편

파란 오이, 하얀 쌀
빨간 당근, 까만 김
노란색의 단무지가
청룡, 백호, 주작, 현무

동서남북 네 방향과
생명을 기르는 땅이다

어머니가 싸주시는
김밥 한 토막은
오방색의 우주이다.

시

할머니의 나들이

내 눈 어디 있나?
여기 있어요. 안경!

내 귀는 어디 있나?
여기 있어요. 보청기!

내 이는 어디 있나?
여기 있어요. 틀니!

내 지팡이 어서 가자
예, 제 손 꼭 잡으세요.

김지호 미당시맥회 사무국장, 한국기독시문학작품상 외, 시집 『얼음도장』 외.

그해 태풍 외 1편

유리창을 마구 흔들어 심장을 떨게 하고
나무란 나무 모두 흔들어
통째로 엎드리게 하여 큰절 받는 오만

벽을 타고 올라온 물은
도둑처럼 건물 벽으로 스며들고
출근하는 차들도 잠수하고
상가 간판들도 나 몰라라 줄행랑쳤다

그대는 가지란 가지 다 꺾어다
회초리질 하는
갈기 세운 게릴라의 기마부대

날카롭고 오만한 행차로
뒷맛이 쓰디쓴 약 맛.

거리의 악사들

할머니 할아버지 손에
흥겹게 매달린 징, 장고, 꽹과리, 작은북

가게 주인들 불경기라고 불쾌지수 높지만
경쾌한 소리에 귀를 틀어막을 수 없어
천 원짜리 몇 장 웃으며 내놓는다

신바람 난 할머니 할아버지
한바탕 신명나게 풍물패를 여는데
옆 가게로 옮길 때마다
주인의 헌금에 따라 리듬을 타는 소리

거리마다 메아리로 울리고
고개를 기웃거리며 구경하다가
함께 신이 난 사람들

할머니 할아버지의 구슬땀 소리로
희망이 주렁주렁 매달리는 가을.

김진중 현)한국문협 25,27대 민조시분과회장, 대표시집 『사촌시편』 외

(민조시)
계룡산 갑사불 외 1편

뜨신 듯
감으신 듯
빙그레 묵언
……

시

눈빛경

솔향내
송이향내
어려 풍기는
천년숲 천연길.

일주문
고운 자태
먼저 반기는
등운산 고운사.

가운루
청마루엔
낭랑한 독송.
孤雲님 목소리.

극락교
건너자니
뒤따라오는
호랑이 눈빛경.

김찬해 한국신문예문학회 이사, 탐미문학상 외, 시집 『숲속의 울림을 풀다』

그런 이유가 외 1편

길을 가다
눈에 띄는 아이를 보았다
모두가 활기찬데
비실비실하는 노란 아이가 보여
가슴이 아파서
어찌하여
너만 그렇게 힘이 없나
물었더니

이제 왔소?
나는 어제도 기다렸는데
참 예쁜 모습으로
만인에게 사랑 한 몸에 받았으니
마음 아프다고
생각 마오!
피고 지는 것은 순서요
순리라오

내가 빨랐고
당신이 늦었을 뿐이니

나에게 조언

잘못했다고
생각이 들면 바로바로
인정하고 새로운 관계 시작해라

알면서
지체하다 때를 놓치면
일이 꼬여 풀어내기 힘든 법

마음속
긍정이 지배할 때
희망 불씨 살려서 살아라.

잘못은
몰랐을 때보다
알고서 해결하지 못하면

인생을
살아가는데 최고의
실수가 되어 화가 미치니

김춘자 2024년 월간 《신문예》 시 등단, 은점시문학회 회원, 한국 신문예문학회 회원, 내비게이션 시동인 총무.

눈물 두부 외 1편

두부 먹고 싶다는
딸내미 한마디에
아궁이가 뜨겁다

몽글몽글 끓어오르는
냄새 구수한 코끝

장작불 앞에서 씨름하는
엄마의 주름살이 붉다
보는 가슴이 저려
눈가에는 이슬이 맺히고

웅크린 어깨에서
굳어가는 두부가 보인다

가을 타는 여자

깊은 계곡에
연회가 벌어졌다

거문고 타는 물줄기
버들치 노래에
송어가 춤을 춘다

가을날 아쉬움에 동참
가을 타는 여자 부른다

단풍은 부끄러워
색동옷 입고
거문고 위에 살포시
내려앉는다

김태형 시인·문화평론가, 제10회 월파문학상본상(평론), 제10회 신문예문학상대상(시), 저서 「윤치호 선배를 기리며」 외.

의료대란 1 외 1편
– 쪽잠 자는 교수들

정부의 외침은
허공에 울리고

갈 곳 잃은 환자들
눈물 속에 서성이고

전공의 떠나
적막만이 감도는 병동

헌신과 비난 사이
쪽 잠자는 교수들

매일 밤 흔들리는
히포크라테스 선서

의료대란 2
― 고래와 새우의 노래

바람이 거세다
정부의 강철 손아귀, 정치 교수들의 거센 외침
졸속정책의 불씨 타오르는
화마가 나라를 집어삼킨다

우직한 전공의들, 의과대학생들
국내외를 떠도는 방랑자
연어의 힘으로 거친 물결 거슬러
다윗의 투지로 골리앗을 넘어

정부가 주장하는 OECD 평균 아닌
세계인이 극찬한 K-의료
다시 세울 그 날 위해
돌아오라 희망의 빛 되어

김하영 명예문학박사, 국제펜한국본부 이사, 제24회 영랑문학상 외, 시집 「보리밭 바람에 일렁이며」 외.

황톳길 외 1편

사람과 교감하는 황톳길
사람들은 시간만 나면 숲에 들어가
한 그루의 맨발이 나무가 된다
걷는 발을 황톳길에 발을 땅에 접지시키고
한참을 서 있곤 한다 잠시 문명과 단절하고

돌아간 원시성이 우리의 생체를 복원시켜준다
이런 패턴이 우리의 생활을 바꾸고 병이 하나둘
사라지고 있다 나무를 향한 그리움이 고조되고 있다
황톳길 걷는 사람 날로 늘어나고 있다

시

예당 출렁다리

광활한 바다같이 넓은 저수지
공중에서 그네 탄다
출렁출렁 흔들린다 허공에서
떨고 있는 출렁다리 실루엣
물안개 너울너울 춤을 춘다

느린 걸음으로 비틀비틀 즐기는 사람들
바람에 물은 안개처럼 속삭인다
내 몸 휘감는 안개가 어디로 가는지
총알같이 날아간다 저수지 만수로 가득
석양 노을 물비늘 일으켜 춤을 춘다

김현숙 이화여대 영문학과 졸업, 1982년 〈월간문학〉으로 등단, 윤동주문학상 외, 현)이화동창문인회 회장.

아름다운 한낮 외 1편

그대는 오늘
개망초 가득한 벌판으로 데려와
눈 한번 크게 떠보라 한다
어디선가, 바람이 흔들 때
거침없이 따르는 꽃의 몸짓
세상의 기쁨이나 슬픔에도
고만고만한 걸음으로 따라가라 한다
이 한나절은 그대와 함께 있어
말없이 바라보는 기쁨
출렁일 대로 출렁이며 견디라 한다

시

저물녘

저자거리로 나앉은 노을
속으로 들어서며
문득 눈을 맞추는 인왕산
반가워라
썰물처럼 빠져나간 서울을
너와 함께 지켰구나

김현숙(수영) 황금찬문학상 본상 수상, 강서문인협회 재정국장 역임, 중앙대 문인회 이사 한올문학가협회 사무차장.

우데기 외 1편

나리분지 당귀잎이 손바닥처럼 자라는 계절
겨울에 내린 강설량으로 토양은 당귀의 향을 힘껏 뿜어냈다

성인봉 아래 평지에 눈이 내리면
집의 기둥과 서까래와 대들보는 눈바람에 떤다
뼈대와 근육을 둘러싼 살은 갈대풀이다

길에는 사람 키보다 더 높은 눈이 쌓이고
지붕 위 하얀 눈은 햇살에 눈이 부시면
가족들은 오순도순 겨울 이야기를 풀어 놓는다

눈 내린 산으로 가서 노루도 몰고 오던 어린 시절처럼
우데기에 매달린 기다란 고드름이 녹아내린다

곧 해풍은,
봄을 데리고 오려나 보다

노을에게 부치는 편지

헤어진 지 어언 몇 해가 되었습니다
낡은 시집을 읽다 잠시 커피를 마시며
그리운 사람들 하나둘 생각해 보지만
페이지마다 읽어내기는 쉽지 않습니다

올해도 먼 산에 단풍이 들고 있네요
마당으로 날아온 이파리를 주워 봅니다
벌레 먹어서 구멍이 난 잎도 느낌이 좋아요
오래되고 낡은 것이 편안함은 이런 거겠죠
핸드폰 문자 메시지를 확인합니다

빨간 알림 표시에 숫자가 달려 있습니다
세월의 흐름이 묻어 있는 달력을 볼 때마다
생각나는 사람들의 문자가 눈에 들어옵니다

아련한 그리움을 답장으로 보냅니다
오늘도 내 마음에는 노을이 지겠지요
내일은 가을잎처럼 붉어지고 싶습니다

김후란 《문학의집서울》 이사장, 제25회 공초문학상 수상 외, 시집 『그 섬에 가고 싶다』 외.

너의 빛이 되고 싶다 외 1편

빛나는게 어디 햇살뿐이랴

침묵의 얼음 밑에 흐르는 물
저 벗은 나무에도
노래가 꿈틀거리듯

보이지 않는 곳 어디에서나
생명은 모두
제 몫의 아름다움으로 빛난다

빛나는건 어딘가로 번져가는 것
무지개 환상 펼쳐가는 것

이 마음 열어주려
가슴에 흰 깃 눈부시게 날아든
까치처럼

나도 기쁜 소식 전해주는
너의 빛이 되고 싶다
이 아침에

낙엽이 되어

바람결에 날아온 낙엽
그대 이름 새겨져
부딪혀 오네

빗살무늬로
내 가슴에 진동하던
그대 목소리
나를 사로잡았던 그대의 눈빛
안개로 사라지는가
소멸하는 물질처럼

헤어짐은 슬프다
우리 곁에 그대는 없고
불 붙던 우리의 사랑 이야기도
전설이 되어가네

낙엽이 되어
발자국 덮어버리네

남현우 코리아포럼 고문, 제2회 하유상문학상 수상, 시집 『우리로 가는 길』

자유공원 외 1편

봄이 오는 길에
우뚝 솟은 공원에는
바닷바람이 차다

월미도를 곁에 안고
이 땅의 자유를 지켜온 명소
인천의 자유공원

정상에는
100주년 한미수교 탑이
하늘을 향하고
맥아더 장군의 동상이 우뚝하다

이 땅의 자유를 지키는
자유의 상징
자유공원이여!
영원하여라.

시

주인 잃은 간판

낮과 밤
오랜 날들을
밝은 얼굴 하나로

반기며 맞이하던
희망의 나날들은
거친 세파 속에 숨어버리고

찾는 이 없는
오늘에는
빗물인가 눈물인가

주인님 떠난 자리에
빛을 잃은 간판만이
비바람에 젖고 있네.

노신배 (능인스님)한국문인협회 회원, 시집 『능인의 허튼소리』 외, 문예계간 시와수상문학 운영이사.

소록도의 낮달 외 1편

파도는 통곡하고
낙엽도 슬피 우는데

소슬한 밤바람은
울다 지쳐 잠든다

하늘을 나는 새는
갈 곳을 잃고
낮달은 홀로
해풍에 시달린 갈대와
외로움에 몸부림치는데

얼룩진 삶의 그림자
무심한 온돌 위에 몸을 뉜다

그리움 가득
소록도의 밤은 깊어 가는데

고향 들녘 새싹들은
상념의 꿈으로 피어난다

부부夫婦는

부부는 한마음 절대로 둘일 수 없다
두 마음이 되면
그것은 곧 남이 되는 것
이 세상 어느 하늘 아래
삶의 반쪽 있으리
소박한 꿈 내려앉은
빈자리를 얻은 반쪽만큼
수고로움 클 것이니
그것은 자신의 몫이다
그것을 고통스럽게 생각하여
괴로워 말고
관심과 이해와 배려로
서로 감싸주고
넓고 따뜻한 마음으로
뜨겁게 사랑하라
공허한 빈자리가
행복으로 가득 채워질 것이니

노유정 아태문협 부이사장, 국제펜부산지역 부회장, 부산펜작가상 수상, 시집 『내 안의 바다』 외.

해양장례식 외 1편

제주 바다가 고향인 남편의 유언
내 죽으면 나의 유골 바다에 뿌려주고
당신은 자동차 운전만은 멈추시게
그러나 유골만은 납골당에 모셨다
꿈속에서 남편 왈
내게 입힌 철갑옷을 벗겨달라고
몇 번의 부탁에도 꿈이려니 무시했다
딸의 꿈속에도 가슴 치며 말했단다
갑갑하다고 답답하다고
아 이제는 실천을 해야한다

평생을 고생하며 살아온 내 남편
내가 그 말 들어주지 못한다면
그 마음의 서러운 빗장을 누가 풀어 줄까
인간 최후의 고뇌로 해양장례식을 치루었다
인생은 어디서 와서 어디로 가는가
공허한 마음은 무언가 시원 섭섭
파도야 가거라 내 님의 꿈을 싣고
오대양 육대주로 자유를 데리고
마지막엔 돌아오라 님의 고향 이 바다로

평화의 나팔소리

푸른 바다 응시한다
수평선도 목메게 평화로운데
구부러진 소나무들도 평화의 한 폭인데

바다는
격동으로 휘몰아 가는 영혼들의 이기 앞에
하얀 거품 토해내며 처참한 전쟁을 주시한다
곳곳이 전쟁 범죄자들로 황폐해져 가는 이 세상을
어찌하려고
어찌하려고

혼란한 지구의 분기점에서 바다는 소리친다
선택하라
비극의 총소리냐 평화의 나팔 소리냐

상심한 눈꺼풀을 끝내 감을 수 없는 바다는
혼란을 진정시키는 춤사위로
전쟁의 아픔을 씻어주려 혼신 다할 때
전 세계 군악 단들이
패러다임을 전환하는 평화의 나팔 소리
그 여운에 내 영혼이 스며든다

맹숙영 한국크리스천문학 부회장, 한국문협서울시문학상 외, 시집 『영원한 여기에』 외.

붉은 무도회 외 1편

강변 고수부지
지상의 녹색정원이다
바람이 넘실거리는 푸른 초원엔
은빛 햇살 빗살처럼 퍼진다

고추잠자리 붉은 춤사위
허공에 일으킨 파장
무한대로 충전된 에너지
에덴동산의 부활이다.

메리골드 금잔화 황금빛살 타고
들꽃의 향기 사방으로 날아다닌다
나신의 원초적 고별행위
앙리마티스의 춤이 오버랩 된다

허공에 펼쳐지는
고추잠자리 퍼포먼스
새하늘 아래 붉은무도회
신성의 초원이 열린다

시

꽃 진 자리

절망의 땅

다시

피어나려는

안간힘

꿈꾸고 있는

꿈의 자리

맹태영 동의대학교 미술학과 졸업, 아태문인협회 부이사장, 한국문협 회원, 제2회 아태문학상 외, 시집 「꽃방귀」외.

약손 외 1편

이유 없이 배가 아플 때 생각나는
못생긴 손
기름기 다 빠져 퍼석하고 까슬까슬하던
그 손

그 손에서 흘러나오던
신비롭고 괴기스러운
경전 속 다라니 같은 주문

나는 나이가 들어서야
노래의 말귀를 조금은 알아들을 수 있었다

우리 아가 아픔 다 내게로 오라
우리 아가 배 속에 병 다 내게로 오라

이유 없이 배가 아플 때 생각나는
못생긴 손
기름기 다 빠져 퍼석하고 까슬까슬하던
그 손

장마

퇴근 무렵 아내에게 전화가 왔다
"요즘 당신 영 기운이 없어 보이데
집 앞에 있는 국밥집에서 저녁 먹고 들어가자!"

때마침 생각나던 술 생각을 감추려고
바람 빠진 공처럼 쭈그러지게 대답했다
"그래"

언덕길에 차려진 국밥집에는
고온다습한 육수가 펄펄 끓고 있었고

차고 습한 짐승들이
오랫동안 우려낸 얼굴들로
정신없이 국밥을 퍼먹는 소리들로 요란했다

냉기로 젖은 소주병들이 송골송골 물방울을 쥐고선
반쯤 비워진 잔 속으로 후줄근한 이야기들을 채우는데

밖은 벌써 취했는지
장맛비가
유리창에 이리저리 빗금을 치고 있었다

명금자 한국문인협회 회원, 제4회 대한민국경제문화 공헌 대상, 문화예술 작가(시)부문 대상.

백마강 애수

660년 계백장군 황산벌
치열한 전투 속
장렬히 전사하고

화려하고 풍요롭던
사비성이 나당연합군에
함락 되던 날

전선은 쫓기고 쫓겨
마지막 방어선
백마강 전진기지

의자왕은
머나먼 당나라의
포로가 되고

마지막 남은 임을 위한 충절
사백여 궁녀들이
치마 뒤집어 쓰고

시

넘실대는 푸르른
백마강 순결한 꽃잎되어
낙화 됐어라

유유히 흐르는
강물은 변함없지만
그대의 혼들은 구천을 떠돈다

나라 잃은 설움이
얼마나 큰지
나를 잊지 말아다오

모상철 신문예문학회 자문위원, 신문예문학회 최우수상 수상, 저서 『3분의1 언저리의 홍얼거림』

여름날의 만남 외 1편

하늘이 심술궂은 날
변덕을 부리면 하염없이 흐느낀다
웬일인지 먹구름 사이로
눈부신 햇살을 빼꼼히 내민다

차창 밖으로 보이는 미소 정겹다
맑은 하늘엔 소나기가 후드득
거침없이 짓밟고 세차게 불어오는 바람이
귓불을 후려치네

혼쭐이 난 둥치 큰 나무는
기꺼이 가지를 내놓는다
소강상태이던 장맛비

소용돌이치며 떠내려가는 날
온갖 잔재들의 한반도는 어수선하다
미련이 남아 떠나보내지 못하누나

세월이 덧 없다

그리운 마음 하염없이 향하고
봄꽃들이 방글이던 날
5월의 여왕 장미꽃은 싱그러운
향기를 퍼 나르고

땡볕에 사위어지는 아픔을
질투하는 라일락 꽃
보랏빛 희망을 받혀들고
고혹한 향기를 흩트린다

땡볕에 임을 기다리는 능소화
고목에 기대어 긴 목을 추스르고
빨갛게 달구어진 채
하루해 가는 줄도 모르고

저 먼 곳을 바라본다
흐려진 하늘이 비를 내리고
축축히 젖은 기다림 안타까워라
장맛비는 어두워진 밤길을 적신다

문용주 시산문학작가회 회장, 참살림수행원 원장

천운天運 외 1편

끝이 보이지 않는 바다 위에
돛단배 한 척 외로이 떠 있다

바람 부는 대로 밀려가고
물결 치는 대로 쓸려 온다

호수처럼 고요한 곳에 다다라
잠깐 멈추어 배 밑을 본다

깊고 깊은 바닷속에 보이는 것 없는데
문득 떠오른 거북이 한 마리

배에서 내려 거북이 등에 올라타고
짙푸른 바닷속으로 들어간다

하늘에 태양은 하얗게 빛나고
주인 없는 빈 돛단배가 홀로 떠 있는 바다는
화려한 윤슬로 가득하다

초행길

아무도 보이지 않는 황무지에
세찬 바람이 생생 분다

아득히 먼 낙원을 향해
누구도 가 보지 못한 길을 처음 걸어간다

잡초가 누워 지나간 발자국도 없고
바닥이 하얗게 드러난 흔적조차 나 있지 않은 곳에
작은 발 하나가 새 길을 내려 힘차게 내딛는다

가다 매끈하게 닦인 길이 나타나도 갈아타지 않고
강물에 흘러 끊어지면 다리를 놓아 건너고
절벽을 만나 막히면 사다리를 걸쳐 넘어
번듯한 새 길을 만드리라

훗날 누군가 이 길로 들어서면
망설이지 않고 편안히 갈 수 있게 하리라

민용태 고려대학교 명예교수, 스페인마차도문학상 외, 시집 『나에 대하여 내가 아는 모든 것』 외.

11시 독수리 타법 외 1편

밤 11시 넘어 이 시를 쓰고 있다
오른손 가운데 손가락이 독수리 부리
이 글자를 지켜보는 눈과 돋보기안경
그리고 이 컴퓨터 자막, 그리고 전기
이들이 나의 시를 쓰고 있다, 그러니까
전기나 뮤즈는 나의 생각이고
나는 독수리 돋보기로 밤을 뚫고 있다
이렇게 말하니까 기분이 좋다
하지만 나는 시를 쓰는지 쓰지 않는지 모른다
빠블로 네루다는 내게 어떤 예언자적 본능이
시인인 나를 움직이게 한다고 하지만
나는 나를 독수리로 보아도
밤으로 보아도
존재의 팩트는 오리무중
기억하라, 이 짙은 안개 속
손가락 하나 먼 곳을 향하고 있다
동녘 하늘이 빨갛게 터 오를 때까지

사랑니

무서운데 빼야 되는데 두려운,
있어야 하는데 불필요한
사랑 했던, 사랑 같은
너랑
함께 있어
황홀했다
온전히 내 숨결 속에 파묻힌 너랑
몇 날 며칠 불같은 화산 간직하다
내 육신도 도려내고
하늘도 땅도 산도 바다도 도려냈다
도려내고 잊게 하고 그렇게 흔적 없이 보내고
소리 없이 통곡하고 통곡했다
삼키는 울음 위로 허한 웃음 덮어
아무렇지 않게 위장하는 미소
새 살 돋아나길 바라며
돌아설 수 없는 그리움으로
사랑니 두 손 움켜쥐어
가슴 속 깊이 한켠에 묻어둔다

박경희 《월간시문학》시 등단(2010), 한국현대시협 위원, 현)월간신문예 편집장. 시집 『하늘을 바라보면 배가 고프다』 외

추억으로 먹는 커피 외 1편

커피가 생각나서 물을 끓인다
컵에 두 스푼의 커피를 넣고
뜨거운 물을 따른다
스푼으로 동그라미를 그리며 젓는다
커피향이 코끝으로 스며든다
한 모금 목젖으로 넘긴다
진 한 맛과 그윽한 향
내 몸은 추억으로 달린다

나는 언제부터 커피를 좋아하게 됐을까?
그건, 너를 알고부터였다

네가 보고프면 나는 커피를 마셨지
커피가 생각나면 네가 그립고
네가 그리우면 또 커피를 마시고,
비가 와도 눈이 와도 바람이 불어도
나는 늘 커피가 먹고 싶어.

빨래를 한다

지저분해진 옷을 세탁한다
지나온 나의 세월도 세탁기에 넣는다
구석구석 찌들은 시간 속으로
독한 세제를 넣고, 세탁기를 돌린다
욕망의 구정물이 다 빠질 때까지
인생 구석구석 거품이 일도록
돌리고 문질러서 탐욕의 구정물을 뺀다
맑고 순수한 정신이 들 때까지
행구고 또 행굼질을 한다
깨끗해진 시간들
햇볕 잘 드는 양지에 널어서 보송하게 말린다
얼룩졌던 빨래, 보송하게 말랐다
뜨거운 다리미로 다림풀을 뿌려
빠빳하고 반듯하게 다림질한다
구겨져 삐뚤어졌던 마음이
각지고 반듯하게 다림질되어
환한 미소로 내일을 기다린다.

박길동 시인·수필가, 인사동시인협회 부회장, 한용운문학상 외, 시집 『밤나무집 도령』

일일 방콕 여행

오늘 여행지는 우리 집 방콕
여행용 가방 대신 둥굴이와 함께
이 방 저 방 거쳐 거실 다용도실까지 돌고
본 걸레 친구에 넘긴다
안면 화장에 이어 이곳저곳 고루 몸치장하고 나서
빈 소주병 빈 페트병 폐비닐 폐지 친구들과
음식 찌꺼기까지 제 갈 곳으로 보낸다
다음 방문지는 동네 슈퍼마켓
이곳저곳 눈여겨보며 저녁밥 상차림을 위해 사재기한다
맛 좋은 반찬거리 주워 담고
파리바게뜨 경유 방문 선생님 간식용 카스테라 빵을 산다
점심식사는 농심라면 끓여 진한 국물과 맛있게 먹고
다음 방문지는 책상머리에 앉아 컴퓨터 켜놓고
멋진 시詩 한 편 쓸 수 없을까 고심하다가
시제를 '일일 방콕 여행' 이라 정하고
컴퓨터 자판기 두드려 보지만
실타래 풀리듯 글의 연상이 쉽지 않다
초인종 벨 소리가 들린다
가정 방문 영어 선생님이다

시

우리 집 손녀 자매 영어공부 시간일주일에 이틀 각각
한 시간 사私교육 해야만 하는 현실이다선생님과 손녀
에게 간식 챙겨주고저녁밥 지을 시간전기밥솥 코드 연
결하고구수한 된장찌개 끓이고 콩나물무침 계란프라이
를 주 반찬으로
저녁 식사와 함께 하루의 여행을 마무리한다
교통수단에 신세 지지 않는 하루의 방콕 여행
친구들 모임에서 삼박 사일 여행 떠난 아내를 대신한
하루 주부 생활
고단한 듯하면서도 즐거운 여행이었다

박민정 시인·시낭송가, 한국문협 70년사 편집위원, 제23회 황진이문학상본상 외, 제27회 전국글사랑시낭송대회 금상, 시집 「기억 속에 피는 꽃」

울산바위 외 1편

줏대 없이
이리 흔들 저리 흔들

어른 아이 할 것 없이
만만하게 흔들지만

끝내 제자리 이탈하지 않는
울산바위 내 사랑

시

또 다른 해후

풍장을 허물던 바람
풍습에 따라 허공 너머로 떠났다
새벽 사잇길을 비집으며
여린 풀잎들이 눕고
서둘러 투명한 이슬 같은 꽃잎들
길바닥에 수도 없이 깔려
어미를 잃어버린 듯 외로워 보인다
밤새워, 그리움을 쏟던
내 한빙寒氷의 눈물
고드름처럼 툭툭 가슴에 부러져
내 눈을 빠져나가던 비 젖은 골목에
결별의 가로수들을 세운다
머물렀다 가는 가슴 아픈 것들
바람에게 제 운명을 맡기는
민들레 홀씨 그대로
그냥, 눈먼 채 네게 달려갔으면
못다 한 연정이
잡아끌고 가는 흔적일랑
이별 뒤에 훗날
또 다른 해후가 되었으면 좋겠다.

박병기 시인 · 시낭송가, 서울미래예술협회 주최 시낭송대회 대상, 황진이문학상, 인사동시협 차장.

구봉도에서

바다를 가까이 볼 수 있어 좋다
출렁이는 바닷물은 해맑은 웃음으로
옛 추억이 걸어 나와 감싸 안는다

잠을 설치고 맞이한 아침
구봉도 여름 해변학교로 향한다
짐을 하나둘 챙기며
오랜만에 느끼는 설레임이다

오이도 가는 전철에서
풍경은 추억의 조각들을 불러온다

아들들이랑 함께 망둥이를 잡던 일
갯벌구멍마다 솟아오르던 맛살
번개탄 위 보글보글 조개들의 노래
초고추장에 한 입 그 시절이 그립다

시

대부도 뚝방 오십 리 길
울퉁불퉁 비포장 한나절 걸은 기억들
그때의 고단함은 잊지 못할 추억이다

해마다 여름이면
구봉도의 시원한 바람을 맞으며
잘 익은 옥시기 하모니카 불고
바다는 나에게 소중한 인연이다

지난날 함께 했던 순간순간들
푸른 물결 속에서 피어오르고
포근한 바다를 힘껏 안으며
물수제비로 그리움을 날려본다

박석현 한국현대시협 회원, 계관문예 작가상, 시집 『바람의 눈』 외.

데스마스크 외 1편

설산에 피어나는 눈꽃을 보며
찻잔에 어리는
초췌한 너의 모습

뼈를 깎는 세월의 무게에
의지도 갈망도 결빙되어
외로움의 도가니에
얼굴이 잠긴다

고독한 삶을 받혀 온
네 마음속의 진실

가물거리는 별빛마저
너울로 가려지네.

시

빈 술병이 운다

너는 어두운 사내들 마음을 유혹하고
쓸쓸한 늙은이들 마음을 추스르고는
고독한 영혼들을 위로하며
한 생을 살다가
너마저 힘없이 쓰러져 우는구나

바람이 지나가다
너를 위로하며 우는 밤

시린 마음에 너를 찾는 벗들에게
너의 사명 다했느니
조용히 너 자신의 울음소리를
들어 보렴
한 생이 그렇게들 지나가느니.

박성진 시인 · 여행작가 · 운석수집가, 총신대 신학대학원 졸업, 시집 『동주와 함께 가는 길』 외.

시의 길 외 1편

아침이 오면 아침의 길
저녁이 오면 저녁의 길

길은 열려 있다는데
길은 닫혀 있습니다

길은 가야 길인데
길을 갈 수가 없습니다

길은 희망인데
길이 절망입니다

잃은 길을 찾아가느라
오늘도 시를 쓰며

동주가 가던 길, 나도 그
시의 길을 가고 있습니다

괜찮아 괜찮아

어둠 속에서 길을 잃을 때
괜찮아 괜찮아
그의 시가 속삭여줍니다

바람이 다가와
구름을 거두어가면
태양은 다시 떠오르며

괜찮아 괜찮아
누구나 치욕 속에 사는 거야
누구나 실수하며 사는 거야

괜찮아 괜찮아
그 말을 위로 삼으며
내일을 향해 나아갑니다

박숙자 한국문협 이사, 동작문협 부회장, 황금찬 문학상 대상, 동작문협 대상, 시집 『봄 한 바구니 사 들고』

발왕산의 겨울 외 1편

은빛으로 쏟아져 내리는 길
하얗게 뿌려진
메밀꽃처럼 아름답다

나무마다 다양한
눈꽃을 피워낸 상고대

수억 년 바람과 함께
켜켜이 쌓은 역사의 흔적들도
꽃송이와 함께 춤을 춘다

마법에 걸린 설국에서
설렘, 기쁨, 환희를 담으며

동화 속 요정들의 이야기
신비로운 세상에 펼쳐
한 땀 한 땀 수를 놓는다.

* 강원 평창군 대관령면 1458m의 산

시

임이 오는 길목

어둠을 뚫고 오는
그대의 발자국 소리

빛이 없을지라도
심장을 파고들며
음악이 되어 들립니다

핑크빛 등을 켜
사랑의 길을
환하게 밝히겠나이다

꽃길 밟고
사뿐사뿐 오소서!

박영곤 한국문협회원, 문예사조문학상, 한국신문예문학회 회장, 월간신문예운영위원장, 시집 『바람은 추억을 타고』

여의도 25시 외 1편

한낮의 태양에 내몰린
자잣거리 싸움꾼 구경에
국민은 허깨비가 되었어요

족보에 금빛 도금한 애국
본드에 붙은 혀와 입술 사이로
새어 나오는 말 애국 애민이네요

한강의 유구한 대한의 역사
분노의 해일로 돔 지붕 덮치리니
세 치 혀로 국민을 우롱하지 마세요

3백 명 속 단 한 사람 의인 없어
소돔과 고모라의 형장이 되려는지
정오의 여의도는 유황불처럼 뜨겁다

잡초론

한갓 천덕꾸러기로 태어났어도
새벽이슬 영롱함을 먹고 자란
겸손함 배운 자유의 몸입니다

밟히면서도 꼿꼿이 일어서는
바람을 악기 삼아 노래 잃지 않는
불러주는 이 없어도 이름 석 자 있는
푸르름 잃지 않고 살아갑니다

제도권에 철저히 배제된 운명이지만
초록으로 대지를 붓질하며
목이 베여도 결코 죽지 않는 강인함으로
우주의 끝을 보고 싶은 생명입니다

박영애

제주대 창의캠퍼스 미래행정 출강, 국제 ROTARY 3650지구 남송 회장, (사)나라사랑 바른예절 운동본부 회장, 림스캘리그라피연구원

북파로 백두산을 오르며 외 1편

하늘과 맞닿은 곳
구름은 자유롭게 흘러가고
눈부신 태양은 손끝에 닿는다

북파로 한 걸음 한 걸음
땀방울이 모여 도착한 길
그 끝에서 만난 자유와 평화

백두의 숨결을 마시며
자연의 위대함에 감탄하고
내 작은 존재지만 웅장함에 가슴을 연다

발아래 펼쳐진 화폭
산봉우리 위엔 푸른 천지
그 깊은 고요 속에 마음을 빼앗긴다

오늘의 등정이 내게 가르쳐준
겸손과 용기, 그리고 통일을 갈구하는
미래를 향한 희망을 마음에 새겨둔다

서파로 백두산을 오르며

서파로 오르는 백두산 정상
1442계단을 차례로 밟으며
한 걸음, 또 한 걸음
갈 수 있다를 외치며 나아간다.

쏟아지는 폭우 속을 뚫는데
얼굴까지 강타당하지만
발걸음은 앞으로 전진하며
의지를 믿어본다

비와 안개 속에 숨어
천지연을 보진 못했지만
이 어려운 길을 올랐다는
자부심에 가슴이 터질 듯 기쁘다

남북이 갈라져 갈 수 없는 북한 땅
백두산 일부가 중국 땅이라니 억울한 마음을
쏟아지는 폭우가 시원하게 씻겨주어
장대비를 내려준 하늘에 감사한다

언제쯤 통일이 올까
이번이 4번째 방문인데
이 길을 우리 땅이라 생각하며
다시 오를 수 있을까

박은선 시인 · 시낭송가, 국제펜한국본부회원, 시집 『바다에 달을 만나기 전』

삶의 원점

에헤야 친구야
그 무거운 짐 지고 서산을 넘어가는 친구야
잠시 내려놓고 들꽃 만발한 풀밭에 누워
하늘 한번 보자 꾸나.

에헤야 친구야
꿈 많던 어린 시절 우리노래 후렴구였지
이산 저산 뛰어다니다 초록 밭에 누우면
세상이 온통 우리 것만 같지 않았나

에헤야 친구야
돌아앉은 너의 삶에 몸서리치며
눈물짓는 네 모습
가슴 한켠 무너져 내리는 고통이
도미노 되어 밀려오누나

에헤야 친구야
고통 없는 삶이 어디 있으랴
삶의 원점은 이미 내정된 종말의 회귀점이 아니던가
이 흔한 말로 위로할 수밖에 없는 나를 용서하려무나

시

에헤야 친구야
그대 서산을 넘어서면
너의 해묵은 버킷리스트에 날개를 달고
해방의 날갯짓으로 상실의 시공을 넘어 서게나
눈물도 한숨도 서러움도
아니아니 모든 상념 초월한 피안의 세계에서
언젠가 우리 만나지리라

에헤야 친구야
서산을 넘어가는 친구야

박종대 《아시아서석문학》시 등단, 인류문학시부문 최고상, 시집 『너랑나랑』 외.

이유 외1편

내가 날마다
이 나이에
욕심내고
바쁘게 사는 건
너 하나를
옆에 두고
같이 살고 싶기
때문이란다

흔들림

비오니 울적거려
한잔 술
술잔가 맴돌다 빠진
그대 얼굴
마셔 뿌니
내 몸 타고
돌고 나와
빈 컵에 박혀버린
예쁜 얼굴
잔 부어 띄우랴
다시 마셔 건지랴
가슴에 박힌 내 사랑

박혜진 충북대학교 행정학 박사 수료, 청주지역아동센타 대표, 대원대학겸임교수.

20살의 청춘

누군가는 4월은 잔인한 달
어둠 속의 비추어진
한 줄기 희망의 빛
20대 절망으로
새겨진 한편의 詩

푸른빛 20살
슬픔과 가난만 둘러싼
세월을 갈망하던 몸짓
점점 멀어져만 가는
詩의 언어

청춘의 힘겨움만 있던
삶의 흔적들
불투명한 미래의 결핍감
청춘의 방황 앞에 혼돈의 시간
순간의 실패로 인한 공허함

시

깊은 슬픔으로 인한
추락의 날개
다시금 비상하고 싶은 사랑의 힘
새로운 배움의 열정
나를 찾아가는 여행

삶의 궤도 안에 펼쳐진 확실한 꿈,
미래의 무한한 가능성
거듭난 시간 속
이제서야 찾아온 평화
청춘은 그렇게 아프다.

배성록 시인 · 시조시인, 한국문인협회, 자유문학회, 불교문학회회, 아태문인협회원.

바다 삼킨 여인

솟구치는 물살을 기어코 오른 연어 떼
산새들은 저마다 노래를 뿜어낸다
여인의 활대가 악기 줄을 서서히 긋자
산골짜기엔 가득가득 안개가 퍼지고
새들은 울음을 멈추는데
소리가 허공에서 사뿐 내려와 물에 박히니
연어 떼 놀라서 돌에 부딪힌다
두 마리는 바위에 튀어 올랐다가
소용돌이에 다시 물에 뛰어들어
그 소리가 바닷속에 퍼지자
연어 떼 고개를 갸우뚱하다가 쫓아가고
몇 마리는 몸을 뒤집다가는 거슬러 올라간다
음악은 점점 심해로 울려 퍼지며
요동치는 물결에 미역은 춤추고
산호잎 떨리고 새우 수염은 가파르니
미역잎 나불나불, 산호는 나풀나풀, 새우는 숨차
고래 넙치 아구가 먹이 사냥을 문득 멈추고는
눈을 꿈벅꿈벅하다가 갑자기 생각에 깊이 빠진다
··· 우리가 먹고만 살믄, 쓰나 ,,,

시

활이 또 그으니 일제히 꽃 피고
다시 스치자 구름이 찢어지고
또 한 번 긋자 일제히 낙엽은 쏟아져
무지개로 떴다가는
금낭화 모양 물방울로 내려오다가
물고기 떼 콧잔등마다 세차게 때린다

그 소리는 세상을 깨우나 재우는가
그녀는 바다를 마시고 산을 토한다
산을 마시곤 달빛을 토한다
거리의 모든 허무와 슬픔을 마시고는
하늘 가득 붉은 노을을 뿜는다

배승희 계간 《시와수필》 시 등단, 해운대문인협회 이사, 예천내성천문예현상공모전 입상.

봄 속으로

저녁이 우두커니 서성이는 집
가끔 창밖을 내다보며
반쯤 열린 대문을 지켜보던 그녀
어디로 갔을까

지난봄 문지방에 걸려 부러진 다리를 끌고
그녀는 봄 속으로 뛰어들고 싶었던 것일까

모이를 물어주는 굴뚝새처럼
채소와 곡식을 머리에 이고 팔아와
칠 남매를 먹여 살리던 그녀

정수리가 씨암탉 등처럼 털이 다 빠져
쓸쓸한 몰골만 남은 그녀

마을 입구까지 유모차라도 밀고 나갔을까
방안에 적막이 주인인 양 앉아 있고
온기 없는 어둠이 농도를 더해 간다

시

한 시간 넘게 기다리자 되돌아온 그녀,

유모차 위엔 고독이 앉아 있다

배정규 서울미래예술협회 회장, 월파문학상 외, 시집 『품는다는 것은』 외.

만남 외 1편

등산길 설악산 8부 능선쯤
지치고 아픈 다리 쉴 겸
바위에 걸터앉아 지나가는 바람소리
빼어난 자연경관에 마음 홀릴 때
무심히 앞에 보이는 나무를 바라보는 중
움푹 패인 나무 옹이에
십자가에 못 박혀 죽었다가 3일 만에 부활했다는
그분의 못 자국난 손이 보인다
휑한 그 빈 공간 못 자국에
평화로운 초원 보이고
웃음소리 들리며
어머니의 따스한 손길이 거기 있다.

그곳엔
초등학교 앞 건널목 파란 깃발 펄럭이고
경적 요란한 분주함은 설 자리 없다.
앉은 자리 불편함에도
배낭 추슬러 어깨에 멘다.

추운 겨울날 전깃줄
팽팽한 긴장의 순간에도
그 손은 사랑과 희생이고 생명이다

그리움 2

나뭇가지 사이로
햇살과 바람 스치는 소리
들릴 때
그때는
그리울 때야

웃음소리 반짝이는 이슬방울 같을 때
그때는
그리움이 사무칠 때지

그땐
조용히 두 눈을 감고
그리움이 풍기는
향기에 취하는 거야

변종환 현)부산진구문화예술인협의회 회장, 부산시인협회 회장, 한국현대시인협회 이사, 시집 『풀잎의 고요』 외.

시집 한 권 외 1편

영광도서 시집코너에서
시집 한 권을 골랐다.
잘 알려진 시인의 시집은 제외하고
서울에 있는 출판사
유명 출판사에서 찍은 시집은 제외하고
처음 듣는 무명 시인의
시집 한 권을 골랐다.
무슨 선심이라도 쓰듯
호기 있게 천 원짜리 지폐 몇 장으로
시집 한 권을 골랐다.
그 순간 시집 한 권의 무게는
한 인간의 생애의 무게가 되어
한 시인의 이름 없는 고통과
이름 없는 슬픔이 되어
내게 다가왔다.
오, 무거운 시집 한 권의 무게.

동강東江에서

새벽안개처럼
적막한 동강은
저리 무섭도록 아름다운데

흐르는 강물이야
흘러가는 대로 두어도 되겠지만
이 봄 동강에 와서
우리 욕망의 부질없음을
우리 욕망의 그 덧없음을
비로소 알게 되었나니

날마다 부활하는 들꽃의 향기와
날마다 부활하는 산바람이라면
내 한 자락쯤 걷어서
돌아가도 또한 좋지 않겠는가

변희자 시인·수필가, 화훼장식 기능사, 서울시장 표창장, 가곡작사 보고 싶은 어머니, 봄바람 임 마중.

보고 싶은 어머니

여러 자식 기르시느라
앞치마에 땀방울 흘리시며
동그란 주먹밥에
고소한 참깨 간간한 소금
솔솔 뿌리시던 어머니

불두화 하얀 꽃송이
바람 불어 나풀나풀
내 손바닥에 고이 앉으니
꽃잎처럼 향기롭던
어머니 손길 생각나서
두 눈을 감는다
보고 싶은 어머니

곱고 고운 옷감 고르시고
한땀 한땀 수놓으시어
아름다운 무늬로
좋은 옷 지어 주시던 어머니

시

무궁화 다홍빛 꽃송이
바람 불어 활짝 웃으며
내 손바닥 찾아 앉으니
어머니 웃음 그리워서
어머니 어머니 불러 본다.

사위환 시인 · 법학박사, 현대시협회원, 인사동시인협회 지도위원.

능선의 속삭임 외 1편

멀리 보이는 산 능선의 아름다움
서로 어깨동무로 이어져 펼쳐진 곡선
하나 된 모습은 평화와 조화를 노래한다

하지만 사람들은 능선과 다르다
모가 나고 끊겨 서로를 외면하며 살아간다
끊임없는 갈등과 경쟁 속에서

능선은 속삭인다 왜 그러세요
서로 손잡고 함께 살아가세요
물이 흐르듯 순리대로 살아가세요

능선의 속삭임을 들을 때
우리는 진정한 삶의 의미를 깨닫는다
서로를 아끼고 사랑하며 살아가는 것
그것이 우리가 살아갈 길이라는 것을

잠자는 향기

무덤덤한 일상에 갇힌 내 마음
돌덩이 위에 새겨진 짧은 글을 보며
그 안에 담긴 이야기 영혼을 울린다

시비 속 잠든 향 마법의 주문으로
그 향기는 나를 새 세상으로 이끌고
숨 막히는 현실에서 벗어나게 한다

시비는 옛 이야기를 속삭이고
앞날에 대한 희망을 노래한다
그 속삭임은 나의 영혼을 깨운다

시비에 새겨진 짧은 글
그 것은 단순한 글이 아닌
영혼을 울리는 향기 삶의 희망이며
새로운 세상을 향한 손짓이다

서영희 경남 밀양生, 한국문협 · 밀양문협회원, 한국신문예문학회 이사, 제7회 아태작품상, 시집 『사월의 암호』 외.

친구 외 1편

발에 꼭 맞는
편한 신발처럼
생각했었어

내 마음이
어긋나던 날

신발 뒤축
왼쪽 옆면이
닳아있었어

시엄니

주인도 찾지 않는 작은 공터
금계국 노랗게 물들이더니
개망초 뒤질세라 터를 잡았다

산 아래 집 허리 굽은 그녀
삐걱이는 마루창 열어놓고
허한 눈길에 담는 미소

잃어가는 기억 저편
꽃을 유난히 좋아하던 그녀
아이고야 눈앞이 꽃천지네

귀밑 입 붙이고 금계국이어요
어? 금대구?
아니 금계국..어..금대구

귀도 가늘어지고
정신도 가늘가늘 해지는 그녀
꽃 닮은 미소는 열일곱 소녀

서재용 한국문인협회 회원, 〈문학사랑신문〉 자문위원, 시집 『별 하나의 독백』

초여름 길목에서 외 1편

긴 하루
모락모락 저녁연기
山 허리 끌어안으면

개골개골 개구리
합창소리에 어둠이 찾아든다

어스름 저녁 뒷고을 검둥이 짖어대고
아랫마을 백구도 따라 짖는다

고갯마루에 얹힌 구름
홀연히 바람 따라 떠나고

소리 없이 찾아와
덧없이 떠나는 봄날

그리움 몽글몽글
가슴 불 꺼지지 않는데

산딸기 익어가는 들녘엔
여름이 오고 있다.

시

그리움의 봄

회색 그리움이
바람을 담으며
허공 속에 핀다

커피 한 잔 속
타다 남은
그리움의 그림자

상형 문자처럼,
어지러이 풀어헤친
사랑의 녹슨 형상

공원 외진 벤치에서
바람의 몸을 애무하며
웅크린 내 나이

그대는 잃어버린
내 삶의 시계

서진송 한국문협 회원. 탐미문학상. 시조집 『다시, 진달래꽃』 외.

(시조)
풍성한 가을 들녘에서 외 1편

백일홍 배롱나무 천일홍 향기 속에
번지는 가을 내음 정신은 몽롱해져
시름은 간곳이 없고 맑은 꿈만 남았네

댑싸리 꽃무늬에 어여쁜 살살이꽃
송림에 꽃무릇은 열정을 토해내고
때늦은 능소화 활짝 살가운 정 흘리네

옥매에 춘추벚꽃 온갖 꽃 번진 가을
화단가 풍선덩굴 뽐내는 고운 자태
구시월 풍성한 꽃에 옥빛 안개 스미네.

시월의 밤과 낮이 향기로 넘실대네

휘영청 밝은 달은 홍옥처럼 교교롭고
수 많은 별송이들 계곡에 멱 감는 밤
잎새들 속삭임 소리 자장가로 울리고

여명이 어슴푸레 스며든 어둑새벽
영롱한 칠색 안개 불붙은 아침노을
참새떼 청아한 노래 아침 기운 돋우고

백일홍 가는 허리 바람에 살랑살랑
여인네 입술같이 붉은 꽃잎 털어내니
붉은눈紅雪 흩날리듯이 이리저리 참곱네.

선유미 시인 · 수필가 · 화가, 한국문협 회원, 시집 『스카프 속 하얀 마을』 외.

여행은 창작의 모태 외 1편

여행은 또 다른 나를 만나는 설레임입니다

하나님이 축복한 땅 유럽
동유럽의 아름다운 자연은 마음이
쉬어가는 정거장이고, 서유럽의 멋진 건축은
창작의 모태가 됩니다

여행의 축복은
내 영혼이 살찌는 풍요로움
영원히 늙지 않는 사랑입니다

여행은
과거, 현재, 미래에도
영원히 죽지 않는
창작의 모태가 됩니다

시

보라카이 노을

보라카이 노을 속에는
인생의 웃음과 눈물이 흘러갑니다

노을 안에
가득 채워진
삶의 무게와 향기

인생이란
저 노을처럼
황홀하게 지는 것입니다

성기환 미디어대학원 석사학위, 인사동시인협회 부회장, 신문예문학회 · 아태문협 회원.

지식 본뜨다 외 1편

모든 지식은 언어 씨앗으로 심어졌다
씨앗을 본떠 새로운 세상을 향해 문을 연다
언어의 숲속에서 지혜의 길을 찾아
사색의 흔적들이 지식의 길을 만들어간다

세상을 읽어내는 생각의 지도
고민을 본뜬 생각의 길은 바다를 넘나들며
자연어의 힘으로 새로운 길을 그려낸다

배움의 여정 수학과 언어학의 길 따라
자연어의 원리를 이해하며 창작하고
세상의 복잡함을 풀어내는 기술의 진화
그 길 위에서 새로운 진리를 만난다

언어의 힘으로 세상을 읽어내고
지식을 본뜨는 그 순간, 초거대 언어 모델이
세상의 문을 열어 새로운 이해를 선사하고
지식을 담아 미래의 길을 열어간다

이력서 여백

길가의 작은 가게
한낮의 번잡함이 스러질 즈음
어둠 밝히는 등불 서서히 열리는 문
오랜 기억의 30년을 품고 있다

지친 발걸음 꿀맛 같은 삶
가난했던 세월의 그리움
연어처럼 맛과 향기 따라 찾아온

먼먼 길을 돌아온 고향 같은
소박한 봉투 속에 담긴 따스한 진심

맘씨 좋은 아저씨의 미소가
소소한 기쁨 여백에 쓰고
따스한 추억 전한다

소박한 행복 기억으로 모아
여백이력서에 그리움으로 쓴다

손도규 제7회 하이데거문학상 본상, 한국신문예문학회 지도위원, 인사동시인협회 이사.

커피를 마시다가 외 1편

오늘 그 날의 마지막 흔적을 찾는다

용문사 산사에 풍경화처럼 눈꽃 흩날리는 날
연인의 향기 묻은 스카프 드리우고
마의태자 은행나무는 망국의 외침을 듣는다

태워도 꺼지지 않는 촛농의 불꽃에
한 번도 경험해보지 못한 동토의 산하는
허울의 굴레에 반역으로 농락당하는 연극을 올렸다

원초적 본능의 애잔한 그리움 타고
한 줌 햇살 받은 풀 이끼의 숨소리로 돋아나는 봄은
물안개 피어나는 그 날을 기억하는구나!

칼디의 전설로 번지는 아라비카 향의 커피,
예순여섯 번째 마신다.
오늘도 쓰다.

그날 같은 봄

거품을 토하는 파도는
휑한 바람으로
약속한 비밀을 품고 밀려간다

뼛속까지 스며드는 봄 향기는
유혹의 수줍음 되어
숨겨버릴 언어들을 모래시계에 묻는다

흐름의 시간 속 모두가 허상이 되어버린
아픈 전설들은 환상의 자화상을 그리려
수면 위에 애증의 붓질을 한다
그날 같은 봄에

손수여 문학박사 · 시인 · 문학평론가, 국제펜 대구지회장, 제34회 PEN문학상 외, 시집 『성스러운 해탈』 외.

무시래기 외 1편

대관절 사무친 원한을
땅속에 묻고 살았더냐?

단칼에 참수형을
당하고도

줄
줄
이
끌려 온

영어囹圄의 저 몸

덕장, 변신인가 고행인가

그물에 걸려 펄떡 뛰던 명태 숨 멎는 순간, 간 쓸개 다 버리고
목줄에 코가 꿰여 줄줄이 형장에 끌려간다
해풍에 물기 걷히고 체액마저 빠져나가면 자아조차 증발해버린
버릴 것 다 버리고 얼고 녹기를 거듭해서 피비린내 없는
숙성된 것도 방망이 두들겨 때려 솜같이 부들부들 결대로 찢겨서
부드러운 속살 깊은 맛으로 누군가의 아픈 속을 풀어준다
아비가 반세기 전 잘못 디딘 악연인가 삼십 년 뒤 아들도 갔던
인제 기린은 불같은 성질을 담금질하듯 죽여낸 거기로다
덕장은 황태 변신 고행의 도량이다. 한번 인연 줄에 걸리면
거부할 수 없는 운명으로 살아가는 인간 삶의 궤적 꼭 닮은

송봉현 현)국제펜한국본부 감사, 제8회 한국문학백년상 외, 시집 『코리아 르네상스』 외.

단풍을 보며 외 1편

한여름 무더위 껴안고
숨 막히도록 사랑할 때
도탑게 푸르던 청춘

시린 서리와 지내고
빨갛게 물든 입술 고와라

삶이란 한바탕 마당놀이인 것
맑은 가슴 붉게 태우다
사뿐 날으리

천지연의 봄

고운 새는
나무에 앉아 노래하고

나무는
보드라운 물 품속에 눕는다

공원 안 맴돌며
콧속 파고드는 찐한 향기는
누가 보낸 연서인가

숨 가쁘게 달려와
그리움 쏟아내는 은빛 줄기는
어느 님의 숨결인가.

신영옥 시인·아동문학가·가곡작사가, 한국문협회원, 영랑문학상 외, 시집 『산빛에 물들다』 외.

그녀의 햇살 외 1편
– 화백 인해仁海 님께

창을 통해 들어오는 햇살 한줄기
그것도 감사라는 그녀의 기쁨은
초록 물결 위에 쏟아지는 햇살을 안으며
음성 꽃동네로 길을 나선다

최귀동 베드로 할아버지가 남겨 주신
'얻어먹을 수 있는 것만도 감사라.'
폭풍우 막아주던 그 크신 손길
거지 성자의 끊이지 않는 사랑의 터전 위에

닫힌 마음 열어가며 문장을 가르치고
인격만큼 행복해지는 자기 삶 속에서
햇살 한 줄기에도 감사를 일깨워
배움으로 성장해 가도록 안내하는 그녀

벽을 넘고 강을 건너
마더 테레사 정신 기리는 일상이
어느 하늘 별이 되어 영원히 빛날 건가?
주름진 두 손 잡고 감사를 모은다.

로렐라이 언덕에서

라인강 언덕 로렐라이 절벽에서
금빛 머리 찰랑대며
아름다운 여인이 부르던 노래

지나던 뱃사공들이 넋을 놓고 바라보다
수많은 사공들이 강물에 빠져 목숨을 잃었다는
그 언덕을 찾아 나선 길

굽이쳐 흐르는 강물은 말이 없고
하이네(독일 시인) 시에 곡을 붙인 노래만이
애틋한 이야기로 남겨져 오는 것을

싸늘한 동상으로 만난 차디찬 그녀가
사공들 영혼에 따뜻한 위로가 되기를
시 한 수로 읊으며 나는 떠나네
사노라면
만나고 헤어짐이 너뿐이겠는가
잘 있거라,
로렐라이 언덕에서 노래하던 여인아
아름다운 로렐라이 언덕아.

신위식 사)한국문인협회파주지부 수석부회장, 제19회 탐미문학상본상 외, 월파문학상본상, 시집 『시작, 풀꽃의 노래』

가을의 사랑 외 1편

이 가을엔

가난한 영혼
사랑을 알게 하소서

심금心襟을 울리는 풀벌레 소리
숙연히 떨어지는 낙엽의 순응
내려놓는 석양
빈 나뭇가지 끝 아픈 기다림

보이지 않는 것을 볼 수 있는
영원한 사랑을 알게 하소서

노을빛
이 가을엔

노년의 꿈

색 바랜 커튼을 밀어
노을빛 창문을 열면,

푸른 숲이 내뿜는 생명의 숨결
꽃 진 자리 열매 영그는 소리
빛 속에 스러지는 하얀 반달의 여유로움
별빛 한 모금 마시고 피어난 이슬방울
잠시라도 더 잡아 놓고 싶은 석양

하고 싶은 것 다 할 수 있는 자유
가슴 한가득 담는다

남은 시간 곱게 더 곱게 가꾸어
모든 것을 사랑해야지
그리고 잃어가는 것을 즐겨야지

평화로이 시간을 찬양하는
노을의 노래

신윤주 국어교사 역임. 1993년 한국아동문학신인상. 저서 『토종우리말 박사』

(동시)
그리운 엄마 외 1편

잘 익은 가을을 만나
가을 길 따라가노니
나는 갈 바람 되어
낙엽을 만지작거린다.
저 높은 하늘에 가물거리는
그리움!

학교 가기 싫었던~
초등학교 1학년이던
날 업고 학교에
데려다주셨던 엄마!
나와 한 몸이 되어 개울가를 걸어갔던
그 모습이 영화 속 장면처럼
눈 앞에 생생하다.

엄마!

시

가슴 깊이 새겨두리라

한 세대가 가면 새 세대가 오고
끝없이 펼쳐진 광활한 우주 속에서
나는 작은 별처럼 반짝이다 사라지네
어디서 와서 어디로 가는지
그 길을 묻는 대신
함께 웃고 울었던 소중한 인연들을
가슴 깊이 새겨두리라
시간이 흘러도 변치 않는
사랑으로…

신인호 도봉문인협회 고문, 나라사랑문협 회장, 에피포토문학상 외, 저서 『내 마음의 지우개』 외.

이사 외 1편

가꾸지 않아도 자라난 역사
분신처럼 따라다닌다

버릴 것을 고른다
관절 삐걱거리는 책걸상
누렇게 변한 작가들의 책
어머니의 고된 눈물이 스며 있는 그릇

외면할 수 없는 것들에 손이 간다
짐을 묶다가 짐에 눌린다
고달픈 생의 흔적들이 꿈틀댄다

빛바랜 시간,
털어내지 못한 먼지까지도 쓸어 담는다
욕심껏 껴안은 짐을 등에 짊어지고
가파른 언덕을 오른다

비우지 못해 고단한 육신
낡은 이력 품은 집 한 채 등에 지고
낯선 주소를 찾아 나선다

남해를 복사하다

남해의 봄을
한 자락 훔쳐 내게 보냈다

고요가 앉아있는 바위에서
바라보는 구름 속엔
갯벌에서 추억을 캐고 있는
친구의 모습이
알프스의 풀꽃처럼 피어나네

벚꽃에 씨를 묻던
지난해 낙화는
탐스런 꽃을 쏟아내고 있네

봄 햇살이 시샘 바람을 잠재우고
강가에 핀 버들강아지
잊혀진 고향 풍경이 묻어오는데

나의 봄은
아직도 찬 기운이 도는
파란 물결만 엎치락 뒤치락 거리네

심상옥 시인·수필가, 한국문학상 외, 사)국제PEN한국본부 부이사장, 시집·수필집 다수.

인생 계단

씀바귀의 매력은
그에게 있는 아름다운 생명이다
상상의 동물인 해태
인사동의 한 상점 앞에서
잔뜩 웅크리고 있는 그 모습에
범접하기 어려운 위엄이 되었고
열매를 머리에 이고 있는 모습 그대로
나의 할머니처럼 혼신을 일군 삶
가난도 순응한 인생이다

질경이의 매력은
그에게 있는 희생의 침묵이다
커다란 귀가 달린 코끼리
최근 귀를 잃은 듯 그런데
귀가 사라진 코끼리
이번엔 힘세고 당찬 바다코끼리로 환생했다고
몸도 마음도 얼어붙은 인생 계단에서
올랐다 내려와야 할 꾸밈 없는 민낯으로
스스로 뽐내지 않는 희생이다

시

강아지풀의 매력은
그에게 있는 사랑의 침묵이다
나무에 구름버섯이 피었다
뭉게구름처럼 가득 피어올라
그루터기를 가렸고 초록이끼도
슬며시 버섯 덕분에 아낌없이 주는 나무가 되었고
많은 것을 품고
오롯이 아이들의 미래가 그 안에 있지만
소유하는 것은 사랑이 아니다

사는 일이 그랬듯이
풀들이 우리에게 속삭이는 귓가로
오르고 내리면서도 모르는
너희의 숨들은
버거운 계단 위에서 문득
돌아볼 건너뛰기였다

안광석 한국현대시인협회 부이사장, 신문예문학상 본상 외, 시집 「꽃구름 속 나빌레라」 외.

철쭉꽃 외 1편

변덕쟁이 봄의 시샘
비바람이 불어와도
분홍의상 빼어 입고
화사하게 피었구려

백마 타고 오셨는가
철쭉낭자 눈부시다
나비되어 날아가면
고운입술 허락할까

다섯 궁궐 비단 깔고
곁에 두고 살렸더니
꽃샘바람 심술 꾼이
벌써 와서 흔드는군

시기와 욕심으로
물들은 세상사를
청순한 저 도령은
알기나 하시는지.

묵상하면서

삶을 에운 소음을
지우기 위해
깨끗이 씻어 내리라

욕망의 구정물이
다 빠질 때까지
진솔한 마음으로 헹구리

안재식 시인·가곡작사가·동화작가, 한국문인협회 편집위원

사랑 타령 외 1편

이 나이에 사랑은
무슨 사랑이냐고
하지만
나이를 먹었다고
마음까지 따라가랴

지난 세월은
한 조각 꿈에 불과한 거야
저녁놀 물마루에 서성여도
속정 깊은 눈웃음에
그만 자지러지는 마음,

어찌 사랑을 잊고 살까

사랑이여 떠나려거든

1.
사랑이여 가을엔 이 가을엔 떠나지 말아요
산너머 풍경소리 나목을 스치면 너무 쓸쓸해
태워도 삭지 않을 내 사랑 흔들면 안돼요
아직도 풀지 못한 미련이 꼬리를 무는데
기어이 떠나려거든 아침 햇살 눈뜨는 봄날에 떠나요

2.
사랑이여 봄에는 이 봄에는 떠나지 말아요
풀잎에 이슬 맺힌 꽃길을 걸으면 너무 찬란해
태워도 삭지 않을 내 사랑 흔들면 안돼요
아직도 풀지 못한 미련이 꼬리를 무는데
기어이 떠나려거든 저녁 별빛 잠드는 가을에 떠나요

안재찬 한국문협 편집위원, 국제PEN자문위원, 조연현문학상 외, 〈소정문학〉 동인, 시집 「바람난 계절」 외.

이별학개론

1
가을은 바람의 물결 따라 싱둥한 여정 아름차설까
남루한 낯빛으로 지상에 착지한다 그 많은 녹색 생명은 다
어디로 갔는가 해는 점점 식어가고 갈색으로 물들은 나뭇잎
한 장 날갯짓 나비되어 이음새 없는 창공으로 날아오른다
빛의 알갱이들은 흩어지는 기억 속 그리움 좇아 그 검은 그림자
실루엣으로 흔들린다

2
일터에서 돌아온 어스럼 휘감은 식구들 하룻날 때묻은 옷자락
벗어놓고 밥상에 둘러앉는다 저마다 무트로 한 접시 삶의 변환
쓸쓸과 적막과 사색을 올려놓고 우걱우걱 씹는다 속세와의
버성김으로
버스럭거리는 마음 두어 자락을 사부자기 가라앉히고
먼지 속에 부유하는 언어의 향연에서 고단한 눈초리를 거둔다

3
가을은 울음이 곰삭은 서늘한 바람의 옷을 입고 대지를 순례한다
생성과 소멸의 발자국을 헤아리면서 자취를 탈바꿈하는 시간,
또 하나의 낯설은 만남을 위한 거듭나기와 허물벗기와
고정불변의 허물기로서 미래로 총총 떠난다

시

간혹 발길 뜸한 숲속 비탈길에서 주검은 어디론가
사라지고,
피울음소리 배어 있는 산까치 깃털만 널브러져
슬픔이 타는
비애의 현장에 햇살이 쏟아진다

4
머잖아 지구를 떠날 목숨 사악에 부러지지 않고
예까지 존재증명의 생존을 울먹인다
꽃향기와 고요만이 숨쉬는 다음 세상 은밀한 소식에
입가에 미소를 띤다 가을은 이별제품 찍어내는 공장,
계절의 지배자와 수도자가 공동으로 집필한
떠도는 삶의 파편

안혜초 국제펜한국본부 자문위원 외, 윤동주문학상 수상 외, 시집 『詩 쓰는 일』 외.

푸르름 한 줌

1.
어떻게 떨구어진 풀씨였을까
누구의 손길에 의한 풀씨였을까
앞으로 뒤로 옆으로 위로
가도 가도 보이는 것은 오직
석회용암으로 빚어진 돌기둥과
돌고드름 돌벽천지의
워싱턴 근교 루레이동굴….
지구촌 동굴 중에서 으뜸으로
크고도 볼거리가 많다는
기기묘묘 기기묘묘
황홀하고도 신비스럽기
그지없는 대자연의 축제
사람의 솜씨로는 도저히
흉내 낼 수 없는 또 하나
神신의 경이로운 걸작품….
천년만년 그 모습 그대로
죽어서 죽어서 침묵으로
웅변하고 있는 태고 이래의
아우성에 나 또한 현기증이
날 듯 말을 잃어 가는데
저것 봐! 남편이 가리키는
손가락 저 끝에 파릇파릇
푸르름을 더 해가고 있는

시

풀잎 한 무더기!

2.
어디서 스며나온 물기였을까
누구에 의한 물이었을까
방울방울 神신의 땀방울로
다져진 듯한 둥그러운
쟁반 크기의 바위구덩이에
한줄기 인공형광등 불빛이
따스로이 따스로이 감싸안고
만들어내는 그 눈물겹도록
갸륵한 새싹 키우기!
눈부신 생명의 작업!
사람들은 그런 걸 가리켜
희망 또는 소망이라
일컬음하곤 하느니
이십 년이 더 되어가는
해와 달 사이
바람과 구름 사이
내 가슴속 깊깊이
아직도 시들지 않은 채
파릇파릇 피어나곤
하는 푸르름 한 줌!

어윤호 경남 거창출생, 한국신문예문학회자문위원, 인사동시인협회 자문위원.

귀동냥 외 1편

어젯밤엔
별자리로 놀러 가
술래잡기 놀이를 하며 놀았다

오늘 밤엔
은하수에서 물장구치고
가재 잡으며 놀 거다

그러다가
날이 밝으면
헛된 꿈자리는 차곡차곡 개어놓고

두 귀가 마을 밖으로 동냥을 가면
사랑 밭에 이랑 지어
씨 심는 일이나 할 거다

요즘은

넋은 쪼개진 바가지를 들고
저작거리를 헤집고 노닐며
]게으름과 내기하는 버릇만 남았지만

정신이 맑은 날은
대문에 빗장을 걸고 뒤창은 열어놓고
쪽마루를 깨끗이 쓸고 훔친 자리에
허울을 발가벗겨 풍욕을 시킨다

달빛에 등욕만 시키던 헛물들은
미역을 감기고
헛제삿밥을 배불리 먹여
곱게 염을 해서
먼산바라기로 뜰에 세워 두고

달빛동네에서
요지경에 세를 들어 살림을 내고
시어詩語와 연분이 나서 농트고 산다

엄창섭 강릉 출생, 「華『詩壇』(1965) 발행인, 「시문학」출신, 한국시문학학회 회장 역임, (현)가톨릭관동대 명예교수, (신문예)고문, 사) k-정나눔 이사장.

아흐, 모정탑이다 외 1편

밤 깊어 바람도 끊긴
노추산의 날(刀) 푸른 솔숲은
저토록 적막이 묻어나
아흐, 두 눈 감기울 듯
못내 감동을 넘어 황홀이다.

두 자녀 잃은 아득함에
가슴 앓던 모정이 26년,
그 세월 홀로 쌓아 올린
크고 작은 3천 개 돌탑의 정한
달빛에 서러워 눈물겨워라.

시

바람

피곤한 영혼이 허기져
상한 갈꽃처럼 쓰러져 누운
혼탁한 세기의 늪에
푸른 월광은 쏟아지고.

깊은 밤, 불 꺼진 창 두드리며
눈물 묻은 상기된 볼에
감미롭게 입맞춤하는
긴 머리칼 날리는
얼굴 없는 당신은 누구시나요?

여운

시인 · 숲해설가, 2018년 《월간문학》 시 등단, 공모전 다수 수상, 시집 『천마도』 외.

여로 외 1편

굴뚝 내음 짙은 들을 지나
별들이 소곤대는 젖무덤 동산길
오늘 머물 나그네
새 풀 인연 맺도록
설레는 사연이어라

긴 밤 지새우며
스친 꿈 옷자락 멀리 두고
새벽녘 길은 먼데
징검다리 건너는 나그네

계명성 별빛 가지에
걸친 저 달을 보니
돌아갈 길도 잊게 하노라

시

천년의 애가

긴긴 애태움들이 별빛으로 두르고
달빛 바람 쌓이듯
잎사귀 떨어진
줄기 끝까지 가기까지
그리움으로 가슴 헤쳐 놓았네

이 밤마저 그 미련도 가져갈거나
눈시울 젖은 창가에
사무친 그대 얼굴 어리네

야속한 기약들은 내리는 이슬비마저
가리어 저 멀리 가고 있는데

침상에 젖은 눈물로 엮은 시간들
새벽 물안개에 덮이어
그대 잊도록 천년의 전설 얽힌 계곡 따라
잔잔히 쓴 미소 되어 흐른다

우영숙 2001년 《한국시》 신인상 (시조부문) 등단, 전영택문학상 외, 시조집 『괜찮아』 외.

(시조)
달빛 연가 외 1편

생전에 이층집서 나비처럼 살던 그대
납골당 겨우 한 뼘 세든 지 이십여 년
그 미소 가슴 시리다 나보다 앳된 얼굴

몸 낮춰 발맘발맘 당신 곁에 가고픈 맘
외동딸 어리광이 차라리 족쇄 같아
이 가을 싸고도는 향취, 생채기로 남는다

흑백사진 마주하며 무시로 에이는 밤
고독이 머문 자리 오롯이 든 그림자
보름달 저리 밝으니 겸상하고 싶어라

몽당연필을 묻으며

덕분에 많이 배워
덕분에 뿌듯했다

깡마른 내 영혼에
꽃대궁 되어준 너

부활도 가능한 걸까
은닉하듯 널 묻는다

우형숙 한국신문예문학회 윤리위원, 인사동시인협회 이사, 시집「자유를 꿈꾸는 씨앗」

악수 외 1편

말없이 웃는 얼굴
눈빛은 아스라이 느껴지고
엉거주춤한 몸짓
순간적으로 내민 손
온기로 와닿고
오랜만에 만난 얼굴
표현할 수 없는 무언의 말
표정 속에 담겼네
잡은 손 놓으면 안 될 것 같아
놓지도 못하는데
자꾸만 흔드는 세기만큼
감정의 폭이 리듬을 타고
어색한 웃음을 지으며
말을 꺼내네
오랜만이야!!

호수

파아란 하늘을 품고
뭉게구름도 함께 안기었네
유유자적 물 위에 노닐던
오리 떼들 하나둘 나와
깃털을 털어내는 날갯짓 속에
오후의 햇살이 스며들고
저만치 잠겨 있는 통나무 위
햇볕 쐬러 나오는 거북이 가족들
느릿느릿 기어오른다
먼 산을 바라보며 노 젓는 뱃사공
까악 까악 까마귀 우는 소리
흉조가 아닌 길조라 여기는
이곳은 지상의 낙원인가
낚싯대 던져 놓고 앉아 있는
강태공의 얼굴에 노을빛 물드네

유안진 문학박사, 서울대 교수 역임, '65년 현대문학 등단, 목월문학상 외. 시집 『달하』 외.

순교 외 1편

AI만이 아니라
생화와 조화가 구별이 안 된다
그만치 인간재주가 모든 경지를 넘고 있다고
인간승리라고들 한다
기도 중에도 문득 문득 생각나는
불경스런 의심 의문에도

열흘도 안 되어 생화生花는 시들고야 말았다

죽음으로서 만이
진짜임을 보여주다니
죽음으로 만이
신神을 깨닫게 해주다니
부활절 다음 날이었다.

다보탑을 줍다

고개 떨구고 가다가 다보탑을 주웠다
국보 20호를 줍는 횡재를 했다
석존이 영취산에서 법화경을 설하실 때
땅속에서 솟아나 찬탄했다는 다보탑을

두 발 닿은 여기가 영취산 어디인가
어깨 치고 지나간 행인 중에 석존이 계셨는가
 고개를 떨구면 세상은 아무데나 불국정토 되는가

정신 차려 다시 보면 빠알간 구리동전
꺾어진 목고개로 주저앉고 싶은 때는
쓸모 있는 듯 별 쓸모없는 10원짜리
그렇게 살아왔다는가 그렇게 살아가라는가

유자효 신작시집 『시간의 길이』, 만해 대상, 한국시인협회장 역임, 프랑스에서 『은하계 통신(Communication intergalactique)』 출간.

불공평 외 1편

각자의 자리에서 질주를 시작한다.
누구는 앞선 곳에서
누구는 뒤 쳐진 곳에서 질주한다.
그리고 각자의 질주가 끝난다.
누구는 오래 달린 곳에서
누구는 얼마 안 된 곳에서
누구는 길게
누구는 짧게
각자의 질주를 마무리한다.
불공평하다.
그것이 우주를 지켜온
질서라 한다.

축복

살아 있어 실수를 한다.
살아 있어 후회를 한다.
살아 있어 괴로워한다.
실수도, 후회도, 번뇌도
살아 있음의 축복.

유중관 제9대 한국신문예문학회 회장, 인사동시인상 외, 시집 『인연의 징검다리』 외.

풍란 외 1편

베란다 양지바른 곳
작고 검붉은 속돌에
가부좌로 참선하는
한 폭의 풍란

다칠세라 정성드린 지 수년
지성이면 감천인가

뿌리골무 촉수 늘려
아침이면 속눈썹 웃음으로 인사하는

고결한 품성과 자태
밤마다 하얀 꽃으로 피어
은은한 향기로 나의 마음을 빼앗는다.

봄의 앵글

햇볕은 좋지만 찬바람이 발걸음 독촉한다
맞은편에서
가족 나들이로 보이는 사람들과 마주친다
어머니로 보이는 젊은 부인은
서네 살로 보이는 꼬맹이
두꺼운 점퍼를 입히고
두꺼비처럼 뚜벅뚜벅 걸어가는
아들의 거동을 보살피며 뒤따른다

꼬맹이가 느닷없이
생면부지의 내 앞으로 와서
꽃잎 같은 입으로
"안녕하십니까" 하고
스튜어디스 인사를 한다
가르치고 시켜서 할 것 같지 않은 나이
나는 어안이 벙벙하다
그 어머니도 놀라는 기색으로
번갈아 쳐다본다

나도 허리 굽혀 큰 웃음인사 하며
"어디에서 배웠니?" 하고 지나쳤지만
내내 오달진 꼬마의 인사가
지워지지 않는다
동방예의지국의 뿌리가 잠재되어 있는 꼬맹이
카메라에 담았다면 좋았을 텐데

유 형 아태문인협회 이사장, 한국신문예문학회 지도위원, 한국현대시인협회 회원, 향촌문학대상 외, 시집『月幕』외.

나의 별밤

사막에도
별이 자라나 보다
꼭꼭 박혀

까맣게 밤을 칠할 때도
긴 별빛
틈새를 밀고 나온다

나귀 한 마리
별빛을 따라
영원의 길을 간다

밤이 깊어갈수록 별은 초롱초롱 빛나고
칠흑 같은 어둠에 타박타박 빠져버렸나
별빛 거두는 눈은 더 깊어졌나

무엇을 메고 가는지
모래 밟는 소리 사각사각
밤새 들리었다

시

나귀 한 마리 가고 있네
맑은 눈 반짝거리며
별꽃을 밟고 있네

이광희 한국신문예문학회 이사, 양천문인협회문학상 수상 외, 시집 『고려산의 봄』 외.

상추밭에 외손녀 외 1편

외손녀 윤아는
파란 치마 입고 텃밭에
빗물에 젖은 흙덩이 물고
고개 내민 상추잎과
숨바꼭질하면서 웃는다

파란 상추잎
내 치마랑 똑같아서
상추밭이랑 곁에서
상추 같은 손녀를 안아본다

내 손을 잡고 요리조리
술래잡기하는 외손녀
햇빛 따라 웃는다

겹겹 캉캉치마에
눈부신 춤사위로
손녀 한가득 텃밭을 채운다

눈물밥

보릿고개도 아닌데
목젖이 울어대고
밥알이 설태톱으로
헤어진 입속을 할퀴며
목멘 소리로 호소하네

혀끝에서 혀 안으로
거꾸로 구르는 알갱이들
살아간다는 것이
울고 있는 것이라고

모퉁이 절벽 끝에
부딪는 설움들
거품 물고 울부짖는
마지막 한 방울의 눈물

남겨진 삶
어느새 낙엽이 되어
겨울 바다 백사장
지친 생生이 길게 누워 있다

이규원 시인 · 시조시인 · 문학평론가 · 수필가, 재경고성문인협회 회장, 한국문예문학대상 수상

고향

고향엔 해와 달이
묵은 산 녘 지키며
고스란히 남아있다

혼수봉 산기슭 잔솔들 자라
의젓한 장송 꿈 키우며
산토끼 쫓던 아이들을 기억한다

고락방 한박골 태생이던
산노루 고라니는 지금도
사이좋은 이웃

고요함 겹겹이 쌓여
산비둘기 평화롭게 날고
금실 좋던 장끼 부부 사랑싸움에
파르르
하늘은 부서져 적막을 깬다

시

제 살길 찾아 나선
자식들 소식 없고
오늘도 옹달 샘물 떠다
神도 없는 정화수 앞에
절절히 비는 어머니 마음

그냥 그냥
무탈 하라고
세상살이 어렵고 힘들면
언제나 돌아오라고
고향에

이근배 대한민국예술원 원장 역임, 신춘문예 6관왕, 정지용문학상 외, 시집 「노래여 노래여」 외.

사람들이 새가 되고 싶은 까닭을 안다

여기 와 보면
사람들이 저마다 가슴에
바다를 가두고 사는 까닭을 안다
바람이 불면 파도로 일어서고
비가 내리면 맨살로 젖는 바다
때로 울고 때로 소리치며
때로 잠들고 때로 꿈꾸는 바다

여기 와 보면
사람들이 하나씩 섬을 키우며
사는 까닭을 안다
사시사철 꽃이 피고
잎이 지고 눈이 내리는 섬
사랑하는 이들을 위해
별빛을 닦아 창에 내걸고
안개와 어둠 속에서도
홀로 반짝이고
홀로 깨어 있는 섬

시

여기 와 보면
사람들이 새가 되고 싶은 까닭을 안다
꿈의 둥지를 틀고
노래를 물어 나르는 새
새가 되어 어느 날 문득
잠들지 않는 섬에 이르러
풀꽃으로 날개를 접고
내리는 까닭을 안다.

이길원 연세대학교졸업, 천상병문학상 외, 시집 『은행 몇 알에 대한 명상』 외.

깨진 시루 외 1편

겸손하고 검소하게
말은 쉽지만 어렵다
흑백 논리에 익숙하면
신념만 강한 바보가 될 수 있다

후한말 대학자 곽태(郭泰). 사색을 즐기며 산책하는 중. 앞서 가는 젊은 사내가 지고 가던 지게에서 시루가 떨어지는 것을 보았다. 사내는 떨어져 박살이 난 시루를 본체만체 아무 일 없었다는 듯 태평하게 길을 가고 있었다. 그 모습이 신기한 곽태는 빠른 걸음으로 뛰어가 말한다. "여보게 젊은이. 방금 전 자네가 지고 가는 지게에서 시루가 떨어져 박살이 났다네. 그런데 자네는 무슨 생각에 골몰하여 시루가 떨어지는 것도 모르고 가는가." 젊은이의 태연한 대답. "예, 시루가 지게에서 떨어진 것을 알고 있습니다. 그런데 시루는 이미 깨졌는데 돌아본 들 무엇 하겠습니까."

남과 경쟁하기 싫다
싸우기는 더 싫다
어느 구름에 비 맞을지도 모른다
자존심에 상처받을 수도 있다

표지로 내용을 판단하지 마라

세계 최초로
금속 활자 '직지심체요절'을 찍어낸 민족
인쇄술은 세계적이다
많은 시인 작가들이 보내오는 창작집들
표지엔 금박에 홀로그램 돌출까지
무지개처럼 곱다
의외로 많은 표지만 고운 책들

예의 바르고 정중한 사람이
좋은 사람이라 단정하지 말자
사기꾼들이 겉으로는 예의가 바르다
봄날 미소 같은 얼굴에
구렁이 담 넘어가듯 미끄러운 말솜씨
말은 정의롭고 매끈하다
미소 뒤에 감춰진 어두운 음모

이명우 경기광주문인협회 초대회장, 현)한국시인연대 부회장, 시집 『산골풍경』 22권

산골풍경 2034

오다 오다 보니
무릉도원엘 왔네요

꽃들이
노래를 부르고

오색 향기가
춤을 추고

언어들이
악기를 불고요

앗
도연명 시인이
여기 계시네요

나를 안내하며 구경 후
오는 길에

시

도연명 시인이 선물한
여자나무 한그루
원두막 앞에 심었더니

뽀송한 미녀들이
휘늘어지게 열렸어요

쳐다보는 것만으로도
황홀한 이 산골은
무릉도원입니다

이범동 한국문인협회 회원. 제11회 신문예문학상 수상 시집 『지면꽃』

한 번쯤 외 1편

한 번쯤
굽은 등 세월 앞에 펴고
지난 삶의 겉모습에
인생의 발자취를 뒤돌아보는 것은
또 다른 내일의 꿈을
성취成就하는 동기가 될 수 있다

때로는
옛 멍에를 벗고 새로운 길
새 삶의 희망으로
푸른 꿈을 하나둘 실천하며
멋있고 보람찬 인생을 가꾸고 싶고

가끔 한 번쯤
불꽃 같은 첫사랑에 도취 되어
청춘을 아름답게 꽃피우고 정열을 불태워
희망찬 내일의 꿈을 한 번쯤 펼치고 싶다.

멋진 인생

오늘의 하늘이
내일 같은 하늘일지는
아무도 모른다

순간순간 좋은 말 한마디로
진실한 사랑이 곱게 전해지면
그것이 멋진 인생의 참 행복이다

나이 들면 다 늙기 마련이라
삶을 있는 그대로 받아들이는 순간
미래는 더욱더 신비롭고 영롱하다

새로운 욕망을 채우기보다 있는 것
다 비우고 , 물 흐르듯 세월이 흐르듯
아무일 없는 것처럼 그냥 살면 되는 것을…

인생의 행복과 즐거움은
용모도, 부富와 명예도 아닌 것을
서로 참된 사랑과 기쁨을 나누면
날마다 웃음꽃이 번지는 멋진 인생을 산다

이보규 시인·수필가, 용인대학·호서대학 외래교수, 저서 『이보규와 행복디자인 21』 외.

달 외 1편

어둠 속에서도
달을 보면
그대가 보입니다

바라볼수록
그리움이 더해지는
설렘을 내밉니다

달을 다시 보니
마음속에
담고 있는
그대입니다

밤하늘에 달이 있듯
내 안에
언제나 그대가 있는걸
말해도 될까요?

친구의 상처 喪妻

친구 부인이 예고도 없이 소천했습니다 영정사진 앞에서 가슴이 먹먹했습니다 자주 함께 만나던 추억이 눈물로 배어납니다 가족 대기실에 멍하니 앉아 있는 친구에게 '그래도 건강해야 해!' 그 말밖에 못 했습니다.

귀가하는 길 "살아 있어서 고마워!"
아내에게 건넨 말입니다.

이복자 국제펜한국본부 이사, 김기림문학상 수상 외, 시집 『피에로의 반나절』 외.

(동시)
낙화

꽃들은

생김 달라도 속내 달라도
터 잡은 대로 제 색깔대로 웃다가
피는 법, 지는 법 말하지 않고 떠난다

꽃에 향기가 좋다, 나쁘다
보라는 슬프다, 파랑은 차다
뒤끝이 깨끗하다, 지저분하다

평가는 꼬집길 좋아하고 설치는
오지랖 넓고 말 많은 사람 입이고
꽃잎은 웃음 여운 남기고 떨어질 뿐

자잘하든 크고 화려하든
갸름하든 둥글넓적하든
단 하루, 단 며칠, 좀 오래라도

시

제 나름 이름으로
별꽃, 목련, 코스모스로 피어
웃는, 웃을 때 남긴 아름다움이 있어

그 자리, 그 모습
겸손이 폭 담긴, 웃음이 아른거려
그리운 거다.

이서빈 동아일보 신춘문예 시 당선, 한국문협 인성교육개발위원, 소설「소백산맥」영주신문 연재 중, 시집「달의 이동 경로」외.

그러니까, 그 무렵

찬바람으로 발을 씻어 발갛게 언 발가락에
초록 숲이 걸려 있다
매화 향이 피어있다

날개에 하늘 능선을 걸고
유리창 속 숲으로 날아가던 어미 새
툭, 추락해 바닥으로 떨어지자
투둑, 투둑, 새끼 두 마리 차례로 추락해
새들의 검은 울음이 밤새도록 유리창에 흘러내린다

인간이 놓은 불경스런 유리 덫에 걸린
불운의 새 영혼
기일忌日이 든 여름마다 천둥·번개 되어
인간의 영혼을 흔든다

새의 귀지를 먹고 자라던 만월
며칠 후 구붓하게 이지러진 활이 되었다

시

새 목젖에 걸려 있던 벌레들
새 날개에 걸렸던 하늘 능선
새 발가락에 걸렸던 초록 숲과 매화 향
저승 어둠을 쪼아먹고
괴질로 환생해 재잘재잘 지저귀며 허공 날아다닌다

그러니까, 그 무렵
사람들은 입 가리개를 쓰지 않고는 밖을 논할 엄두도
내지 못했다

이선열 경향신문·동아일보 신춘문예 당선, 《월간문학세계》 문학평론 대상, 국립한국체육대, 경복대, 호원대, 겸임교수 역임.

바람에 갈대는

갈대는 가을에 비로소 차운 바람을
생애 처음 만나는 것일까
무슨 철천지원수같이 몸 붙잡고 부대끼며
깊고 깊은 사랑이라도 바람과 하는 것일까
울고 있다
갈대밭 너른 흰 바다 같은 곳에서
바다 포말을 만들면서 몸부림치며
갈대는 말도 못하고 속으로 속으로만 울고있다
산허리 억천 갯수로 많은 갈대 무리
가느다란 줄기 하나하나 억천 개가 일제히
피눈물로 속으로 울면서
손 부비며 서걱서걱 아, 갈대잎 부딪는 소리
바람 속에서 이 가을 햇살에 종일 종교처럼 서서 울다가
밤 되면 그믐달 연연한 달빛을 온몸 머리 위에
더 희게 얹으면서
비로소 갈대는 자기들 흔들리는 몸짓 이유를
비로소 무슨 종교처럼 깨닫는 것일까
바람과 갈대 수천만 수억 개의 소리 화음은

시

일생의 무슨 긴 종교였을까 무엇일까
이 가을 나는 산허리에 앉아
푸른 저 하늘 어딘가에 저 갈대가 쉴 곳을 찾아본다
지친 갈대의 그리운 사랑 뜨거운 눈물로 적셔지게
하기 위하여
깊고 깊은 이 가을
푸른 하늘 어딘가에 갈대의 어린 시절 고향에
보내주기 위하여
갈대가 그토록 몸부림 바람과 부딪히며 서걱이는
가을 내내
그립다 울부짐을 위로하여주기 위해서
나는 잠시 산행도 멈추고 산허리 돌계단에 앉아서
석양 저 빛나는 햇살을 돌돌 말아
저 하늘 갈대의 고향에
쉼과 사랑을 바람보다 더 빠르게 보내준다
저 갈대들과 바람들의 탄주하는 그리운 사랑을 위하여
나와 같은 갈대의 생애를 위하여

이순옥 한국문협회원, 한국신문예문학회 이사, 지필문학 부회장, 제8회하이데거문학상 외, 저서 『개기일식』 외.

장마 외 1편

사랑은 시간의 고뇌를 먹고
해소되지 못한 원망이 가슴 안에
응어리처럼 고여
목표를 잃고 방황하고 있다
던진 감정은 늪에 잠기듯 사라지고

진심으로 웃는 얼굴엔 심장 속
심장을 파고 건드리는
힘이 있어 얼굴에서 깊이를 읽는다
그 깊이가 생겨나기까지
얼마나 많은 체념을 쌓아 올렸을지도

감정은 언제나 어렵고 지치며 두렵다
감정은 언어로 바뀌길 거부하고
마음 한 자락이 꽃잎 색으로 물들면
단조로운 말들 속에 고여
빗물을 타고 떠내려가다가
마지막 남았던 미련의 부스러기를 턴다

제6의 계절

욕망도 쉬어가는 오후 2시
묵은 기억을 밟다가

행복한 기억이 층층이 덮여
슬펐던 내색들도 지금은
이야깃거리가 되었다
어느새 그건
저울에 올라갈 수 없는 일이 되어 있었다

땅을 접었다
보이지 않는 공간과 공간을 접어 맞닿게 했다
정리해 넣었다 흘러넘친 걱정이거나 걱정
녹아버린 기대도 함께 정리해 넣었다

생각과 동시에 주위가 흔들렸다
떠돌던 글자들이 낙엽처럼 내려앉았다
글자들이 내려앉은 곳은 누런 책장이었다

이순자 한국문협 회원, 백일장 다수 당선, 시집 『홀씨 되어 나비 되어』

민들레 외 1편

잿빛 시멘트 틈새 비집고
곧추선 고개 지근지근 밟히다

문득,
정신을 차리고 바라본 세상은

어느덧 희뿌옇고 차가운 바닷길 홀로 선 등대처럼
외로운 길에 서 있었다

한참을 치대어 무던해진 시선으로
오롯이 지켜낸 날들

어느 고단한 발길 하나
걸음 멈출 즈음에

새하얗게 품은 둥지
새파란 하늘로 아낌없이 뿌리리다.

설중매

언 땅 심연의 지층에서
치열하게 끌어올린 선홍빛 순결

생사를 뒤트는 순간에도, 어엿이
하얀 눈발 휘모는 바람에게 당부한 말씀

잠시 머무는 이여, 부디
경솔한 소리 내지 마시오.

이애정 국제펜한국본부 사무국장, 한국문인협회 이사, 문체부장관상 외, 시집 『다른 쪽의 그대』 외.

대나무 어머니 외 1편

울 어머니 심어준
가슴 속 나무 한 그루
어머니가 내 손가락에 대나무로 피었다.

어머니
몸은 비고 울림만 남아
살아보니 아무것도 아니라며
정말이지 아무것도 아니었다고
채울수록 가난했던 어머니.

갈수록 날은 어두워져가고
어두울수록 더 잘 보이는 어머니
그리움을 어루만지며
내 손에 피어난
어머니의 대나무를 본다.

생일의 반란

잊은 이 있거든
잊기도 하면서
용서와 이해의 틈
한 번 쯤은 그 사이를 들어가 보면서
흙이 길이 되어가는
남은 생을 만져보는 날
무명시인의 반란은 마침내 외침이다

이영경 동국대학교 문화예술대학원 석사졸업, 인사동시인협회 이사, 시집 「눈꽃」 외.

어떤 아쉬움 외 1편

낙엽을 좋아하는 호랑나비 애벌레
왔다 간 흔적은 지도처럼 남는다

예쁘게 추는 나비의 춤사위
나무가 부채질하는 것처럼 살랑거리며

당신과의 사이가 나쁘지 않아
그리움은 아쉬움이 되어버린 선물 같은 사랑

당신과 함께인 도시의 공기는 맑다
나무가 무성한 도시의 데이트

들이쉬는 날숨으로 당신을 부르고
내쉬는 들숨으로 한 번 더 되내이며

누군가에게 호감이 생기려는 순간
마음속 나비는 살랑살랑 춤을 춘다

잘 못 찍은 사진도 보관하고픈
어떤 아쉬움으로

잠자리는 하늘에 청포도는 이곳에

시멘트의 바닥에 소낙비가 내린다
투둑투둑 거센 소리

무더위가 비로 열을 식히는 순간
자욱한 안개가 산을 감싼다

작은 홈을 만들고 자국을 남긴다
깨어진 시멘트 사이로 푸른색 풀이 올라온다

잠자리가 날고 풀이 자라며 청포도가 되어간다
소심한 덩굴이 뻗어가는 시간

벽에는 시멘트를 더 칠했다
청포도는 온데간데없다며 놀랐지만

마당 한쪽에 정성껏 심어진 '청포도'*
알알이 굵어지고 연둣빛 색을 뽐낸다

* 이육사 시인의 '청포도'

이영애 시인·화가, 한국문협전통문학연구위원, 동대문문인협회 부회장, 시집 『곡선이 좋다』 외.

라일락 외 1편

아무 말 하지 않아도
발걸음 소리 내지 않아도
알아요

거리에서도
침실에서도
속삭여주지 않아도
알아요

새도 몰래
바람도 몰래 오세요
5월 하룻밤을 하얗게 보낼래요

바람이고 싶어라

이슬 젖은 나팔꽃 환하게 웃게 하고
민들레 홀씨 돌담 사이 숨겨주고

뜰 아래 제비꽃 보랏빛 연서 띄어주고
빨랫줄에 하얀 속옷 상큼하게 말리어
뽀송뽀송 좋아라 춤추게 하고

보리밭 초록 물결 파도를 타고
청학이 되어 훨훨 창공을 날아
갈대숲 노신사 허허로움 달래주고

달빛 젖은 파도 해변의 금모래 쓸어
밤하늘에 하얗게 뿌려 반짝이게 하고

등 굽어진 소나무 아픈 허리 만져주고
솔숲 사이 바람으로 길을 내어
천년만년 살라고 속삭이고 싶어요

이오동 아태문인협회 회원. 매월당문학상. 시집 『먼지의 옷』 외.

건조주의보

도시는 날마다 회색 죽순을 피워
무채색 콘크리트 숲을 만든다

숲은 잎도 열매도 맺지 않는 불임의 제국
건조한 열기만 내뿜고 있다
일조권을 빼앗긴 골목길
그늘은 번식하고
햇살은 흔들리지 않는 숲에서 소멸한다

뉴스는
무채색 숲에서 깔리거나 떨어지거나
틈에 끼어 죽거나
어둠을 나열하고 각자의 불행을 확인한다

마음을 숨기고
중의적 표정으로 살아가는 날숨의 비린내들
계속되는 산불 경계주의보
내일 비 올 확률은 0.7%라는 TV 목소리

시

사막의 하늘이 도시로 날아온다
피톤치드가 사라진 거리
이소하지 못한 새들이 웅크리고 있다

이인애 한국신문예문학회 사무총장, 인사동시인협회 운영위원, 제11회 월파문학상 수상, 공저 『마음의 평안을 주는 시』 외.

푸른 감성이 숨 고르는 시간 1편

웃음소리로 가득 찼던 한때
썰물 되어 빠져나간 늦은 오후

때로는 장엄하게 휘몰아치고
애를 끊고 녹이기를 되풀이하는
사라사테 지고이네르바이젠
스피카토로 가슴을 쥐어뜯는다

내유외강 절름발이로 살아온 반평생
나비를 쫓아가던 무지개 끝엔
무엇이 남을까
잘 가고 있는 걸까 길 위의 자문자답

오늘 밤 음악의 바다에 나를 던진다
원숙하고 숙성된 인격체로
거듭나야 할 인고의 시간

E 현이 빚어낸 G 현의 고뇌
삶의 애환을 해독하는
밤의 골짜기를 넘어 보자
해묵은 시 하나 하얗게 빨아
빨랫줄에 널어놓고 웃는다

나를 사랑하리

내가 나를 돌아보지 않으면
누가 나를 어여쁘다 할까

스스로 가꾸지 않고 포기하면
누가 나를 향기롭다 할까

나 자신을 사랑하지 않으면
누가 내 손 잡아 정을 줄까

마른 나뭇가지처럼 웅크린 채
나 자신을 잃어버린 지 오래

한 번뿐인 목숨 이대로 묻힐까
높푸른 하늘을 보며 별을 품는

이재성 한맥문학가협회 부회장, 불교문학 작가상, 시집 『사랑 그 타는 허무』 외.

가면 1편

치부恥部를 감추듯
염색을 한다

반백에 어울리는
인생의 무게를 잊었는지
젊은이도 늙은이도 아닌 별종인간

산전수전
단풍잎이 웃는다

연천문학 시화전 16년(구석기축제)

시

알밤

밤샘 진통 끝에
땅으로 안기는 핏덩이
풀벌레 축가 속에
미래의 꿈이 잉태된다

한 여름
가시 속 보금자리
아쉬웁지만
버리고 떠나는 여유

생명의 맥
이어가는
무언의 미학

이제우 서라벌예대 문창과 졸업, 중앙대문인회 이사, 미당문학회 이사

귀뚜라미 1편

이음매도 곱게
어둠을 올올이 땋아내어
온 밤을 완창하는
귀뚜라미는 가을밤의 가객이다.

별빛도 허둥대는 산방에
잠조차 따돌리고
잡념만 잦고 있는 밤마다
베갯잇에 수를 놓듯 스며드는데

꽃이 진 자리에 주저앉힌 열매부터
온음표로 맺히는 이슬까지
울음 끝을 이어가기 조심스러워
제 울음에 숨어들어 목을 놓는다.

시

민들레

밟히며 아파하며
그 상처를 지켜내며
먼 생의 거리를
이 강산에 당겨 앉아
사려 쥔
부푼 속내로
동그랗게 말문 연다.

백색 관모 씨방머리
한 목청 뽑아놓고
핏기가 가시도록
모지름을 한껏 써서
머리채
틀어올려서
꽃구름을 피운다.

이주식 2013년 문예사조 등단, 제천시청문학 회원, 아태문협 회원, 시집 『달빛물결』

다락논 외 1편

살을 다 내주어
앙상하게 드러난 갈비뼈

울타리 안에 장기는
뼈의 살을 취하여
포동포동 살이 오르고
갈비뼈의 골수가 다 빠져
더 이상 취할 것이 없으면
장기는 자신의 피와 살을 보내
갈비뼈를 풍성하게 살을 찌운다
장기가 완전히 소진할 때까지

서로 밥이 되어 밥을 얻고
서로 살이 되어 살을 얻고
더함도 덜함도 없이
온몸을 남김없이
서로 나누고 있다

시차

팔은 분침 다리는 시침
몸은 시계가 되어
재깍재깍 쉼 없이
틀에 박혀 앞다투며 돌아갔다
시간이 흐르며 시차가 점점 벌어져
용도폐기 되었다
맘대로 돌아가는 시간이다
분신은 제 갈 길을 찾아 돌고
반쪽은 제멋대로 돈다
시차 적용이 안 되는 엇갈린 시간들
한 몸으로 맞물려 돌고 돌아
벗어나고자 발버둥 치던 때는
꽃향기에 질식하던 시절이었다
가끔 맞물려 돌아가는 날이면
시간차로 우당탕탕 이탈을 한다
창밖의 풍경은 가속도가 붙어 달려가고
눈만 살아 껌뻑 껌뻑
시차를 잊고 삐걱거리며 굴러간다

이창식 《월간신문예》시 부문 등단, 제9회 하이데커문학상, 시집 『생각꼬투리』

한라산 둘레길 고사목 외 1편

백년 선 자리에
백년 삭이는 자리
후손들 허리 굽혀 서고
백골을 휘날린다
멧새 딱따구리 교대로 문안 오고
무상무념 입 없는 입으로
공수래공수거를 가르친다

그 목신의 제단에
동백은 붉어 목을 놓고
제 길 잃고 산길 가는 사람들
고통 감추고 숨조차 끊고서
처연한 늙은이의 생에 머리 숙인다

나는 홀연히 넋을 놓고, 차라리
한 마리 산새이어라
한 떨기 숲 가족이어라
너도 나도 제 봇짐 겨워
거울 앞에 통곡을 삼키고 섰다
백년을 거슬러 가고 있다

시

우도 뱃길

꼭 사람 줄만큼
뱃길 간다
물길은 어디나 유랑길이고
마음은 바닷새가 된다
큰 섬 작은 섬 점 섬
하늘이 뿌려놓은 흔적들
크나 작으나 점이다

신의 재주 오묘한데
사람의 재주는 더 기묘하다
언제 작은 점에 발붙이고
다람쥐 쳇바퀴 돌리듯
줄지어 점을 돌리는 전기차
섬의 문화가 바퀴를 타고
도시의 발자국이
켜켜이 쌓여 간다

우리들은 가이없는 해녀들*
섬 뿌리 들썩이던 휘파람
파도 따라 아련히 떠났나

* 해녀의 노래, 강관순 시

이현경 《시현실》등단, 제20회 탐미문학상 수상 외, 시집 『맑게 피어난 사색』 외.

너무 깊게 들어와버렸다 외 1편

언제부터인가
한 사람을 끌어안고 너무 깊게 와버렸다

눈부시게 화려했던 날도
준비되지 않은 이별 앞에서 끝을 바라보는데

내 뇌를 흔들어놓는 그대여

거친 숨소리처럼 세찬 바람이
내 안을 밀고 들어와도

너무 깊게 들어온 그대를 빼낼 수가 없다

떠나가던 뒷모습만 기억 속에 자리 잡고 있는데
왜 우리는 헤어졌을까

흙 위에 제 체온을 뿌리고 가는 석양 뒤로
파고드는 정 하나가

깊숙이 뿌리를 내리고 있다

밤의 눈동자

어둠이 내리고

공중에서 놀던 물새가 지워지면
등대가 바다를 접수한다

불이 켜지는 순간, 존재가 시작되고
칠흑 같은 바다의 미로를 읽기 위해 밤을 가른다

무한한 빛을 산란하는 빨간 등대의 외침이
파도의 이랑에 빛으로 구르고

등대가 점유하고 있는 곳에서
불빛이 바다에 닿을 때마다 거친 파도를 꺼낸다

뜬눈으로 밤을 재새우다 새벽에 발각된 등대는
서서 바라보는 작은 풍경이다

등대는 외로운 밤의 눈동자
그 곁에 마음 한 장 두고 왔다

이희복 시인·수필가, 국제펜 이사, 영랑문학상 외, 시집 『그리움과 사랑』 외, 수필집 『아름다운 동행』 외.

가을이 오면 외 1편

실핏줄에 남은
기억마저 퇴색된
사랑의 흔적을 찾아
오늘도 낙엽을 들춘다

세월 따라
쌓인 낙엽이 자연으로
윤회하여도 뿌리에 남은
기억의 세포에 추억이 머문다

가을이 오면
아름다운 추억을 찾아
내 그리움의 바다 위에
갈색 돛단배를 띄운다

밤의 눈동자

내가 네게 갈 수 없는 건

내가 네게 갈 수 없는 건
그리움이 사위어서가 아니고
너무 멀리 와 버려서도 아니다

아름다운 추억이 퇴색될까 봐
순수한 그리움이 사라질까 봐
내가 네게 갈 수 없는 거야

계절마다 다른 색으로 널 그리는
나만의 소중한 행복이 있기에
내가 네게 갈 수 없는 거야

가을이면 낙엽 쌓인 추억의
그 오솔길을 혼자서 걸으며
마음은 너에게 가고 있어도

내 가슴에 네가 사라질까 봐
네가 내게로 올 수 없듯이
내가 네게로 갈 수 없는 거야

이희선 한국문협 서정시 연구위원, 한국예술가곡창작협회 부회장, 황진이문학상 외, 저서 『멈춰선 그리움 여울지는 그리움』

영원한 사랑 외 1편

나에게 머물렀던 그 시간들
당신의 음성 당신의 체취
이렇게 선명한데
허공 속에 흩어져 애절하고
안타까움이 고통으로 밀려와
귓전에 들려오는 그대 부르는 소리
황망히 목울대에 걸려 나오지 못하는 말들

아! 애달파라
미련이 너무 많아 떠날 줄 모르는가

아직도 내 곁에 머물고 있는 당신
내 기억에 각인된 따뜻한 그 여운
기억하려 애를 써도 도망가는 환영

어찌 할꺼나 어찌 할꺼나
안타까운 이 마음 당신은 아시나요
그대 품이 그리워 애만 태우는
보고지고 보고지고 또 보고지고
갈수록 더해지는 그대 그리움이여.

여울지는 그리움

낙엽 뒹구는 뜨락
이 가을 밟고서 가신 듯 오소서

님이여!
달빛 쓸어 안고 해설피 따라오는
슬픈 그날들
무지갯빛으로 고이 접어 간직한 채
내 안에 둥지 틀어
떠날 줄 모르나니

가슴에 응어리로 남은 그 기억
보랏빛 염원으로 탄생하는
간절한 나의 기도

여울지는 그리움이
파도처럼 밀려와 출렁이는
당신.

임보선 1991년 《월간문학》 시 등단, 한국문인협회·한국시인협회 회원, 시집 『내 사랑은 350℃』 외.

나의 산 외 1편

오랜 열망 여미고 겨울산 오른다
골짜기마다 계절은 떠나고
산마루 울던 노을 빈 산을 넘어갔다

칼바람도 당당하게 마주 선 겨울나무들
그 많던 푸른 날 다 어디로 갔나
스치고 떠나보내고 이별한 나무들
상처만 앙상하다

부엉이도 산짐승도 예정된 일처럼
낯선 곳으로 떠나가버린 겨울산이 외롭다
바람소리 서럽고 겨울밤이 적막해도

눈보라 그치고 겨울산 넘어가면
온천지가 꽃 천지다
꽃천지가 산이다
꽃천지가 나의 산, 나의 산이다.

비 오는 날

비 오는 날
진종일 생각나는 그 이름
비가 되어 내리네
비 그치고 한 줄기 바람일 때
사랑도 미움도 그리움도 추억도
묻어 두었네

지나간 날들 꿈처럼 아득해라
더듬어 걸어온 걸음걸음마다
세월이 빚어낸 시작과 끝 사이
그대와 내가 함께했던 수많은 그날들

비 오는 날
저 세상 산 아래 묻어 두었네
그 추억들 진종일 비가 되어 내리네
비가 되어 내리네.

임애월 1998년 《한국시학》 등단, (현) 《한국시학》 편집주간, 전영택문학상 외, 시집 『나비의 시간』 외.

늦가을 외 1편

좀실 골 늦은 가을바람
헐거워진 숲길을 건너고 있다
흔들리는 잎맥의 행간에서
그 숨결 거슬러 간
누군가의 따스한 체온을 읽는다
지나온 길 돌아보면
풀꽃 하나 제대로 피우지 못했던 무심의 시간
머리 위에 하나씩
늦별을 이고 있는 11월 나무 사이로
스스로 소멸함으로써
새벽을 여는 산 능선 별빛처럼
순식간에 스쳐간 지상의 행적들이
가난한 이마를 쓸어내린다
그 모든 것들을
가볍게 밀어내며
가을은 이미
공전의 환승역을 지나고 있다

처서 무렵

달 돋는 좀실 들녘
상사화 외로운데

굽이굽이 열두 굽이
풀벌레 곡조 따라

꿈결에
밀물로 드는
먼 바다의 부표 하나

임하초 시인·수필가, 세종시 출생, 현)시인문학회 회장, 시집 『나는 시소를 타고 있다』 외.

종각역 외 1편

노량진역 지나면 일어서야 한다
물빛이 저 위까지 바다처럼 찬란한
넓이와 깊이가 남다른
오늘도 한강을 서서 본다

종각역 1번 출구로 나가
시인의 방은 입구부터 막 출가된 새 책이
풀 비린내처럼 오묘한 향기를 풍기며
또렷한 글자의 눈빛과 마주쳐서
다른 희열이 느껴진다

집이 큰 소라게의 버거움처럼
시인의 이름이 민망해도
종각역 전철 다시 올라타면
난 시인이 되어 집으로 간다

한강을 깊숙이 애무하는 노을처럼
새벽까지 속속들이 시집을 애무하고
뜨거운 감정의 똬리가
내 가슴에 포개지는 흥분은
깊이 헤집을수록 저리고 아프다

시

기차를 타고

바람이 따스하게 불어오면
기차를 타고
스치는 차창 밖 풍경 따라
밀려오는 추억 따라 떠난다

새소리 유난히 애달프게 들리는
찻집에 앉아
낯선 바람 가닥가닥 세어보며
바쁘다는 너를 오래 기다렸지

시 한 편 소소하게 읊조릴 때
속눈썹 아래로
눈물을 그렁그렁 달고 바라보던
너의 모습 떠올라 뭉클하구나

빈 찻잔 속 바람은 마시고
그리움은 남긴다
기차역 노을이 저만치 멀어지고
창밖의 흑백 풍경이 평화롭다

장지연 시인·아동문학가, 신문예문학회·인사동시협 회원, 24한국문학예술진흥원 우수작품지원선정, 저서 『새벽 두 시』

울 엄마 어디로 가시나

아이고 말도 마라
어릴 적에 울 오빠가 나를 그리 이뻐했니라
근데 시집을 와본께
되감기로 재생된 아련한 이야기는
어제처럼 선명하다
적당히 각색되고 미화된
푸른 청춘으로 나르시는 울 엄마

아이고 세상에 이런 법이 어딨대
아껴 모은 돈을 누가 다 훔쳐갔다
다시 시작되는 푸념은
망상과 분노로 오역된 미스터리다
뇌 골짜기를 스멀스멀 덮어오는
뿌연 습기로 젖어 드는 울 엄마

아이고 나 좀 봐라
내가 약을 먹었을 끄나 안 먹었을 끄나
방에서 이리저리 서랍을 뒤적뒤적
몇 분 전의 기억을 더듬는다
궤도를 벗어나 길 잃은 시간을 찾느라
현재를 소유하기 어려운 울 엄마

시

아이고 저 푸른 나무 좀 봐라
한때 꽃 이뻐드만 곧 단풍 들고
겨울 되면 옷 다 벗고 가겠구나
나무나 꽃이나 사람이나 다 똑같다
나는 안 늙을 줄로 알았니라
한순간 쓸쓸한 철학자의 미소로
창밖을 응시하는 울 엄마

전산우 시인·작사가, 시산문학 회장 역임, 시집 「사랑을 하면 가을도 봄」 외, 트로트 작사집 「다만 한 사람」

산과 나와 그리고 자유 이야기 31행

내가 아는 한
산은 언제 어디서나
부처님 가운데 토막처럼 너그러웠다
제 나와바리를 맘대로 드나들어도
통행료를 내라고 하지 않았다
산처럼 세상을 내려다보는
높은 위치에 있으면
천하가 제 손아귀에 들어 있는 양
주물럭거리고 싶을 건데
내가 아는 한
산은 눈을 부릅뜨지도
눈알을 위아래로 굴리지도 않았다
평양감사도 제가 싫으면 그만두는 것은
이 땅의 오랜 전통이고 관습이었다
다른 일을 하겠다고
하는 일이 마음에 들지 않는다고
헌 신짝처럼 사직서를 던져도
추상같은 임금님인들 가로막지 않았다
담배와 라이터를 지니고 입산을 해도
주머니 검사를 한다거나
압수 수색을 당하지 않았다

시

저 죽을지 모르고 골초가 되는 것도
삼천리강산이 너무 좋아
하루아침에 금연을 하는 것도
누가 시켜서가 아니었다
까마득한 날부터 이어져 온 자유였다
문학이라는 모임이 너무 좋아
그 안에 수십 년 머무는 것도
그 문우들과 오래도록 웃고 떠들고 싶어
그 좋아하던 줄담배를 끊은 것도
자유로운 결정이었다

전세중 시인 · 소설가 · 작사작곡가, 한국민족문화연구회 회장 동요 · 가곡 · 대중가요 등 300곡.

(시조)
텅 빈 외 1편

빈 것이 꽉 찬 마음, 우주가 고요하다

소담한 진달래꽃 담백한 질항아리

오히려 아무것도 없이 바다처럼 넘친다.

댓돌

행여나 찾아올까 누군가 기다리네

무거운 침묵을 깬 헛기침에 놀래서일까

구르는 달빛이고서 신발 한 짝 껴안고

전순선 한국문인협회문학생활화 위원, 한국현대시인협회 이사, 신문예문학회 부회장, 시집 『풀잎의 등』 외.

노인과 개 외 1편

도심 공원에 한 노인
11월 햇살을 끌어안고
바싹 웅크린 몸으로 벤치에 뉘었다
한 손에 개 줄을 꼭 잡은 채

바닥에 쭈그린
푸들의 갈색 개 한 마리
긴긴 노숙 탓인지
갑옷처럼 엉킨 털 누덕누덕 앞을 볼 수 없다

서로에게 길들여진다는 것
아름답기보다는 안쓰럽기만 하다

발끝에 차이는 돌멩이도
옹골지게 존재하듯
그들은 서로 버거운 삶을 껴안고
길 위에 누설漏泄의 생을 열어가고 있다

우 산

비 오는 날
혼자 우산을 쓰면
양어깨 비에 젖지 않아도
소나기 같은 외로움에 젖어듭니다

비 오는 날
둘이 함께 우산을 쓰면
그대의 한쪽 어깨 젖을지라도
소나기 같은 행복은 젖지 않는답니다

우산은
혼자일 때보다
둘이 함께할 때
소나기 같은 사랑이 더 커지니까요

전영모 현대시인협회 회원, 신문예문학회 자문위원, 현대시작품상, 월파문학상, 영랑문학상 수상.

학암포 鶴岩浦

충남 태안군 방갈리 가시내의 학암포
학암포에는 큰 분점盆店과 작은 분점이 있었다
큰 분점의 서쪽 끝 용낭굴 위의 바위를 학암이라 한다

1968년 이전에는 분점포盆店浦라 불렀다
조선조에는 중국과의 교역이 활발했던 곳으로
질그릇(동이 또는 항아리)을 수출했었다
이로 인해 포구의 명칭을 분점포라 불렀다
또한 분점포가 무역항으로 활기 넘치고
근해의 어업기지로 어선들이 들어오던 어항이다
만선의 깃발을 날리며 입항하는 어선들은 장관이다

학암 위에서 바라보면 사방이 탁 트여 마음이 상쾌하고
오가는 어선들의 황포돛대는 한 폭의 그림 같았으리

용낭굴과 주변 기암괴석의 절경
백사장의 해당화를 보면서 명사십리 해당화란 말이
이곳을 두고 일컫는 것이 아닌가 하여

시

서당의 훈장과 지방의 유지 및 유생들이 몰려들어
꽃놀이를 즐기며 한시漢詩를 지어 읊조리기도 하였다
시인이 아니더라도 이 아름다운 경지를 접하면 저절로
시상이 떠오르지 않을 수 없는 곳이다

조선시대 금송琴松 박승원朴昇遠은 관송팔경貫松八景에서
학암을 금지학암金池鶴岩과 명사해당明沙海棠이란
시제로 시를 지어 읊기도 했다 한다

정계문 한국문인협회 회원, 한국신문예문학회 이사, 은점시문학회 사무국장, 《은점시학당》 편집장

뜨거운 감자 외 1편

금방 삶은 감자
덥석 물었다

순간,
폭발하는 불꽃
떨어지는 눈물

삼키지도
뱉을 수도 없다

보는 것과
보이지 않는 것
틈에서

여태 참았던 숨을
천천히 내뱉는다

시

물레를 찬다

물레를 찬다

물레 소리에
절규하는 황토흙

굳은살 박인 손 마디
고무신이 닳는다

땀에 젖은 곡선
해를 닮아 선명하다

점에서 선으로
일탈의 곡선이 춤을 춘다

정근옥 시인·문학비평가·문학박사, 국제펜한본부감사, 서울교원문학회장, 시집 『수도원 밖의 새들』 외.

우주, 그 불멸의 詩 외 1편

우주는 해가 갈 길을 비워놓고
별들의 길도 비워놓으며 공空을 만든다

텅 빈 하늘에 별이 뜨고
꽃이 바람에 흔들거리는 우주의 텃밭

벌이 윙윙거리며 꽃잎에 앉으면
언어는 시가 되고 음악이 된다

하늘에 뭔가 가득 채워져 있으면 우주가 아니다
비워진 마음의 울림이 있어야 우주다

우주는 구름처럼 가야 할 곳을 가리지 않고
바람 따라 갈 길 가리지 않고 돌고 돈다

산사 별빛음악회

동해의 거센 물결에
잔잔히 부서지는 첼로의 음률

번뇌의 별빛을 허공중에 터뜨려
밤하늘에 참선參禪 불꽃놀이를 한다

늦가을을 안개처럼 적시는 명상곡
산사의 계곡 따라 흐르는데

옥황의 별을 헤아리는
수도승의 눈시울 달빛에 아련하다

어둠이 있어야 더 밝아지는 별들
거칠어진 삶의 바다에 반짝이고 있다

정덕현 서석문학회장, 시흥예총예술인상, 시집 『자연을 훔친 도둑』 외.

낙엽 한 장 외 1편

나뭇잎 하나둘
바람에 실려 하늘하늘
이별의 슬픔도 잊은 채
돌아선 당신

고운 잎새는
멍든 관절이 물러 돌아서는 멍
계절 이기지 못해 떠나는 한恨
미련 감추지 못하고

가지 끝 매달린 슬픔
지우지 못한 기다림에
돌아설 수 없는 그리움은
상처뿐이다

황혼의 미로 속 방랑의 노숙자
집 나온 서러움의 상처를
이해할 수 없는 그리움으로
책갈피를 파고든다.

영원한 것은 없다.

비는 내려도 그치지 않은 비는 없고
꽃이 피어도 지지 않은 꽃은 없다.
바람이 붑니다
멈추지 않은 바람은 없고
그 무엇도 영원한 것은 없다.

기쁨도 슬픔도 사랑도 친구도 젊음도
인간의 노화는 자력으로 막을 길 없듯이
스트레스를 줄이고 노화를 아름답게
즐길 수 있는 노력이 노화를 막는 길이다

인생 초로 풀잎에 맺은 이슬
이슬은 햇볕이 나면 흔적 없이 사라진다.
인생도 이슬처럼 잠시 맺혔다가
사라지는 이슬과 같다.

찰나의 순간을 서둘지 말고
실수한 인생도 아무것도 하지 않고 보낸
인생보다는 훨씬 낫다.
일을 찾아서 두레박질하다가 보면
빈 독에도 물을 가득 채울 수가 있다

정성수 한국문인협회 부이사장, 한국비평가협회 회장, 예총예술문화상 외, 시집 『세상에서 가장 짧은 시』 외.

대한민국 외 1편

가도 가도
사막이 없는 나라 자유대한민국

- 2024.7.9.13시 11분 칠읍산 자락에서

키스와 시

어느 날
내가 죽으면
나의 고요한 정신도
작은 뇌 속에서 허덕이다 숨을 거둔
육신과 함께
연기처럼 사라지리

키스를 사랑하던 육체와
시를 사랑하던 정신

어느 날
키스를 망각하고
시를 잊어버리고
오래오래 사랑했던 나를 버리리
지구별 사나이 정성수를 가볍게
잊으리

한잔의 청하같이
아주 가뿐히.

정순영 1974년 〈풀과 별〉 추천완료, 국제pen한국본부 부이사장, 동명대학교 총장, 세종문화예술대상 외, 시집 『시는 꽃인가』 외.

누름돌 외 1편

청아한 하늘빛과 청량한 시냇물에
몸을 씻은
누름돌을 지니고 살자

어머님의 정성으로 담근
김장김치의 숨을 고르는 너그러운 마음의 누름돌과
소매 끝에 먹물 조금 묻힌 거드름을 다스리는 겸손의 누름돌과
주장과 욕심의 눈물을 닦아주는 온유한 마음의 누름돌
오래 참고 견디는
사랑의 누름돌을 지니고 살자

나를 지으신 이 앞에 회개하며
내 안에 오신 성령으로 다시 살아서 세마포에 휘감기는
아침마다
하나님의 거룩한 선물
사랑의 거울을 지니고 살자

시

윤사월 閏四月

산진달래가
냇가로 내려와 사는

화개골
진목

그리운 사람을 그리워하는
자목련이 피면

윤사월
우는 뻐꾸기

붉은 노을에
외로운 나그네

정영례 한국문협 회원, 계간문예작가회 이사, 계간문예작가상 외, 시집 『남도 가시나』 외.

밤꽃에 홀리다

성남에서 점촌 가는 길
좌측 창가에 앉아 창밖을 본다
들과 산이 온통 푸른 빛이다
어디선가 개구리울음이 들릴 듯한 한적한 시골길
밤꽃이 하얗게 피어 눈길을 끈다
6월 이맘때,
나는 스물일곱에 처음 밤꽃을 보았다
눈 맞은 남편과 시댁에 인사하러 가면서 그가
하얗게 핀 꽃이 밤꽃이라고 해서
그 후로 밤꽃을 좋아한다
알밤은 작고 둥근데 밤꽃은
손가락보다 기다란 흰 꽃이 송알송알 염주처럼 피어 있다
어떤 이는 밤꽃향이 남자의 정액 냄새 같아서
꽃 가까이 가기 싫다고도 한다
하얗게 핀 밤꽃이 손녀의 환한 웃음인 양
달려가 얼굴을 비비고 싶다
고속버스가 아니라 자가용이라면 내려서
꽃향기에 흠뻑 취했으리라

시

버스가 천천히 가주길 바라면서도
연신 시계를 보며 차가 더디 간다는 생각이 든다
석양빛이 사그러질 때쯤 정류장에 내린 뒤

지인과의 만남이 밤꽃처럼 반갑다.

정용규 서울대 농경제학과졸업, 건국대학교겸임교수, 한국시인협회 회원 외, 시집 『촛불』 외

밤눈 외 1편

그 거칠던 삭풍 언제 가시고
어둡고 고요한 진갈색 밤의 장막
창틀로 스며나가는 환한 전기불빛에
하얀 눈송이들 나비처럼 사뿐사뿐 내린다

당장 뛰쳐나가 떨어지는 눈송이 얼굴에 맞으면서
미끄럼도 타고 눈사람도 만들고 싶은 동심 억누른 채
침구 펼치며 기어들어 포근히 잠을 청한다

대관령 스키장에서 길게 줄 서 차례 기다려
오랜 숙원 활강도 보란 듯 자랑스럽게 즐기면서
신나게, 신나게 신바람을 내다가 그만 넘어졌다

아차! 꿈 깨 정신 차리니 떠들썩한 이웃집 개 짓는 소리
따뜻한 옷 챙겨 입고 바로 밖으로 나갔더니
온 산천초목 눈에 덮여 그야말로 선경이로다
낮은 곳은 메우고 추한 곳은 말끔히 눈 덮어 치장해서
한 폭의 아름다운 설국 명화 그 극치를 이룬다

동쪽 하늘 떠오르는 빨간 해님 빙긋 웃으면서
온 누리에 축복의 밝은 빛을 내리신다

열암곡 마애부처님 바로 모시기

천년 세월
암흑의 무문관암굴에서
조금도 흔들리지 않으시고

한마음 깊은 곳 감춰진 자비심
미래세 인연 중생 고통 번민 씻김하려
깊은 보임保任에 드셨던가!

태동하는 새 세상 새 기운
중생들 깨우쳐 기동코자 하오시니
기도 소리 남산골 중심 온 세상 꽉 채우고
밝은 광명 환히 비치도다

자비로우신 부처님 바로 일어나셔서
새천년 새 시대를 활짝 여소서

정정남 현대시협 회원, 신문예문학상 본상 외, 한국신문예문학회 이사, 시집 『백미러 속의 무지개』 외.

해제 반도 외 1편

짜장면 반죽처럼
바다는 육지를 길게 잡아 늘렸다
하나의 면발 같은 해제 반도 등성이길

차창으로 들어오는 마늘 냄새
바라보는 왼쪽이나 오른쪽이나
마늘밭 마늘밭 마늘밭

해 질 무렵 지도에 이르러서야
아하 지도는 섬이 아니구나
해제 반도는 여기까지 달려와서
지도를 섬에서 해제시켰구나
송도까지 해제시켰구나

시원한 바다를 바라보며
어제의 굴레에서 나를 해제시킨다

환선 동굴 1
− 선녀폭포

신선교 건너면서
나는 보았습니다

동굴을 빠져나와
절벽을 뛰어내리는 선녀의 흰옷자락이
신선교 밑을 지나면서도
뒤 한번 돌아보지 않고 떠나가는 것을

흐트러짐 하나 없는 저 뒷모습에서
계곡에 감도는 서늘함

환선 스님 동굴 속에서 신선이 될 때까지
선녀는 스님의 눈길 한번
받지 못한 것이 분명합니다

정창희 수필가·시인, 1968년 농민신문 신춘문예 수필 당선, 모던포엠 문학상, 시집·수필집 다수.

강남 편지 외 1편

제비가 편지를 써 놓고
빈집에 늙은 할애비만 놔두고 갔다
뭣이 그리 급하여
아무도 모르게 줄행랑을 쳐 갔느냐
타향에서 옴팡집이라도 있으면
다행이지만 눈뜨고 코 베는
강남에는 깡통 전세가 판친다더라
남의 집에 얹혀 눈칫밥을
얻어먹지 말고 오거라
집 나오면 개고생이다
여름 내내 늬네들 똥을 치워줬는데
고맙다는 말도 없이 갔구나
아무리 빌붙어 살았다고
그렇게 매정하게 떠나는 게 아니다
할애비는 허름한 집에 살아도
너희들처럼 정떨어지게 살지 않았다
강남에는 어중이떠중이
까마귀 떼들이 오합지졸 모여
사는 걸 모르느냐.

어머니의 밥상

어머니는 밥상을
한 번도 독상을 받은 적이 없다
소싯적부터 입때껏
설거지통에 서서 손이 불어
물 마를 새가 없었다
저녁 늦게 들어오는 새끼들
배곯을까 봐 공깃밥을
이불 속에 묻어놓고 기다리셨다
밥상 모서리에 앉아
찬밥 덩어리를 물 말아 먹는 둥 하다
자식들 생각에 수저를 놓으셨다
제금 나서 신접살림에
밥이나 제대로 끓여 먹고 지내는지
눈에 안 보이니 걱정만 하였다
어머니의 밥상은
걱정만큼이나 큰 밥상이었다.

조규수 한국현대시인협회 사무총장·감사 역임, (현)현대작가회 부회장, 현대시협 이사, 시집 『별이 솟았다』 외.

이불의 꿈 외 1편

이불은 가끔 지난날의 영광스럽던 날들을
떠올리며 눈물을 흘린다

혼인이 있을 때 제일 먼저 이름이 올랐고
예단의 이름으로 최고로 많이 불리며
따뜻한 대접과 사랑을 받았다

부모님들을 위한 비단금침
신혼부부를 위한 원앙금침
고모, 이모, 삼촌, 외삼춘에게 드리는 차렵이불

몸을 덮어
사랑을 만들어 주고
아픔과 고통과 허물까지도
모두 덮어주고 덮어 달라며
잠음 없는
행복한 세상을 만들라고 부르던 이름

그 아름다운 영광을 잊지 못해
이불은
오늘도 최고가 되는 환상 속에
몸부림을 치고 있다

도깨비풀

샛노랑 아름다움
하지만 아무도 돌아봐 주지 않고

향기를 품어도
아무도 맡아 주지 않고

이슬 먹으며 꿈을 키워도
곱다 하지 않네

그래서 혼자 고민하다
이 세상에서 가장 소중하고 예쁜
머리에 바늘 달린 새끼를 낳았다

모두들 싫다고 놀리고 도망쳐도
나에게는 단 하나뿐인
가장 아름다운 꽃
보기만 해도 행복한 꿈이었네

살기 위해 붙어야 하고
살아남기 위해 떨어지지 말아야 하고
또다시 살기 위해 죽어야 하는
나는 도깨비풀

조미령 시인·화가, 신문예문학회 이사, 한사랑예술인협회 사무차장, 종로문협·한국가곡작사가협회회원.

애증의 생

언제부턴가
한 올 한 올 늘어나는
흰머리를 보며 지나온 날의
흔적들을 시간 추에 매달아
남은 날을 헤아려 본다

손가락 사이로 새는
바람은 잡을 수 없듯이
하루가 한 달은 일 년은
그저 묵묵히 흐르는
애증의 생

지금껏 살아온 생이
후회뿐이었다 해도
그 시간에 갇혀 결코
부끄러워하지 않으리

만일 누군가 너의 생은
어떠했는지 묻는다면
사랑하고 사랑받았기에
행복하였노라 말하리

시

지난 애증의 생들은
불어오는 바람 따라
허공 속으로 흩어져
날려 버리면 그뿐

앞으로 남은 생은
시간 추에 매달아 놓고
맑고 깨끗이 눈이 부시도록
찬란하게 살아야 한다고
그래서 후회 없이 남김없이
이생 웃으며 갈 수 있길 바래본다

조병무 문학평론가·시인, 『현대문학』(63-65) 등단, 한국현대시협 회장, 동덕여대 문창과 교수, 녹색문학상 외, 문학평론집 『가설의 옹호』외.

지금 비무장지대에는

월정리 역 매표소에서
평양행 기차표를 받으셨나요

끊어진 철길 따라
레일 쏟아지는
텔레파시의 기적소리를 들을 겁니다

남방한계선을 지나
북방한계선으로 들어가는
길목에서
꽃들은 잠들고 있을 겁니다

그것은
한가로운 평화의 위장이지요

한 번 보세요
남방 병사의 얼굴에
북방 병사의 표정에
여유로운 정적의 공포를

시

그러나 분명한 건
붉은 팻말의 지뢰밭은
초연한 원시림을 지키는 초병입니다

사람들은 그래야 합니다

DMZ의 위장망을 벗겨내고
밀쳐 내어 망막 속
환상의 낙원에서
구름과 철망을 오가는
몰입에 빠진 왜가리 한 쌍

저만치서 사르르
하얀 나비 한 마리가
지뢰 묻힌 자리에 맴돌며
잠든 꽃을 벗하고 있는 사실 말입니다.

조승부 연세대학교 행정석사, 국무총리상 수상, 저서 『일과 결혼에 성공하는 법』, 영진주택 대표.

문을 열면 사귀게 돼

타인에게
솔직하다는 것이 미숙해
나를 보인다는 것이 서툴러

감정을 드러내면
속내를 들켜버릴까 봐
상대방이 문을 닫을까 봐

외롭고 고독한데
누구와도 공유할 수 없어
마음문 꽁꽁 걸어 잠근다

다른 사람에게 나를 알리고 싶은데
진짜 내 감정은 어떤 걸까
곰곰이 생각한다

내가 틀린 것일까
네가 틀린 것일까
아냐, 용기를 내자

시

누구를 만난다는 건
즐겁고 기분 좋은 일인데
참, 어렵다

아, 알았다
대면하는 게 어려우면
SNS 활용하면 되는 것을

조온현 《월간시》로 등단, 한국신문예문학회 이사, 시집 『아내는 아직도 풍선껌을 불고 있다』 외.

겨울비 외 1편

집으로 가는 길에
조금쯤 슬픈 과거를 갖은 여자와
우산을 같이 쓰고 싶다

우산으로 슬쩍 가린
그녀의 슬픔을 들으면서
나의 슬픔을 이야기 하고 싶다

슬픔은 슬픔으로 위안을 얻는 것

웃음이 사라진 후 굳어진 얼굴보다
슬픔을 나눈 사람들의 눈은 얼마나 평온한지

조금쯤 슬픈 과거를 갖은 여자와 팔짱을 끼고
겨울비 내리는 길을 걸으면
슬픈 소금 같이 조금씩 녹아가는 우산 속

뭐시 중한디?

벚꽃 필 때
꽃피는 것이 뭣이 중한지
바람이 찾아오고

벚꽃 질 때
꽃 지는 것이 뭣이 중한지
빗방울도 요란하다

어디선 꽃 가슴 터지듯
꽃 떨어지는 사월四月

꽃잎이 눈보라처럼 내리는데
살고 죽는 게 뭐시 중한디요?

주광일 서울고등검찰청 검사장, 한국문협 회원, 시집 『나의 꿈 나의 기도』 외

외나무다리 외 1편

물살이 제법 빠른 강 위의 외나무다리를 건넌다. 은근히 겁이 나지만, 지난날의 내 잘못 반성하지만, 한 발자국 한 발자국 조심조심 발을 옮긴다. 긴장은 하되 몸의 균형을, 평상심을 잃어서는 안 된다. 겨우겨우 다리 중간까지 다다르고 보니, 이제 되돌아가는 것은 부질없는 짓. 요령은 동일, 이대로 전진한다. 앞만 보고 뒤를 돌아보지 않으며, 맘속 깊이 주님의 도우심을 청하며

수선화

아름답고 청초한
그대 모습
푸른 하늘
한가로운 구름 같구나

수선화여
그대의 흰 꽃잎만으로도
우주는 더욱더
신비로워졌다

슬퍼도 아퍼도 조금도
내색하지 않는
그대의 고결함
어느덧 내 가슴에
깊이 뿌리내렸다

지연희 사)한국여성문학인회이사장 역임, 제58회 한국문학상 외, 시집·수필집·작품론 다수.

껍질 외 1편

굴피나무 마른 살갗이 분말가루처럼 부서져 내린다
제 몸의 발목쯤에 뿌옇게 내리고 있다
시간의 깊이를 다듬느라 견고하게 마른 나이테 사이로
물기라고는 햇살 작열하는 사막의 모래사장이다
아무도 관심두지 않는 아버지 소실消失의 역사가
걸음걸음마다 흥건하다
건드리면 쓰러지고 말 팔십 고개 거뭇한 몸을
파리한 낯빛으로 고추 새우는 일
까무룩 한 아버지의 하루는 단단하게 굳어
갈라진 발뒤꿈치로 언제나 핏물이 흐른다
겨울 재래시장 좌판에 서서 꽁꽁 얼어붙은 하루를
토막 내며 겹으로 겹으로 쌓인 굳은 살

세숫대야에 따뜻한 물을 담아 아버지 상처를 불리는데
뿌연 수면위로 둥둥 떠오르는 아버지의 껍질
비릿한 내 살갗들이 우수수 일어선다

시

안부

당신의 침상이 앙상하게 비어있어요
꽃 자주 빛 단풍이 눈이 부시게 출렁이던 날
당신은 그렇게 흘러갔지요.
시간과 사람과 기억이 유성처럼 멀리 흐르는 사이
남은 우리는 망각 속에서 길을 잃었어요
문득 문득 잃어버린 시간을 되돌리며
아침밥을 먹고 점심을 먹고 어김없이 저녁을 먹고,
그럼에도 기가 막히게 태연하네요, 다만
굳이 안부는 묻지 않아도
살갗에 스며드는 싸늘한 겨울바람의 유희
희디흰 하늘옷자락이 당신의 새집에 커튼을 치는
당신의 가슴에 까마득히 스며든 묵직한 한기를
두툼한 얼음상자로 전송받고 있지요
이 견고한 지하의 흙 내음

맨몸의 맨발의 당신은
사시나무처럼 떨고 있다는

지은경 시인·문학평론가·문학박사, 현대시협 24·25대 부이사장, 하유상문학상 외, 시집 『사람아 사랑아』 외.

12월 외 1편

어제를 나란히 세운 12줄
세월의 강물 난간 위에서
한발 한발 걸어온 시간들
물구나무 세우며 질문하는 시간

햇살도 비틀거리는 12월
넘어가는 해가 노을을 토하면
우리 이별할 시간인가요?

세월이 한해의 돛을 내리면
이제 각자의 공화국으로 돌아가
고요에 가득 생각 채우는 시간

죄송하고 미안하고 고맙습니다
아침에 일어나니 눈썹이 사라졌다

시

손바닥 바다에서

사람들 바다에 빠졌다
스마트폰의 바다에 풍덩 빠졌다

불빛 없는 어둠 속에서도
반짝이는 바다의 등대
느릿느릿 밋밋한 시간을 붙잡아
전신을 접신하며 점멸하는

검지손가락 터치 하나에
인류가 쏟아져 나온다

맑은 하늘에서 소나기가 쏟아지거나
북풍 속에서 햇살이 쏟아지거나
공전과 자전으로 말을 거는

낮게 낮게 바닥의 제왕이 일어나
하루의 절규를 버무리며 접신하는

가늘게 눈을 뜨며
글눈 좀 떠보고 싶은데

차용국 한국신문예문학회, 한국문인협회, 남명문학상, 산문집 『그 소리를 듣고 싶다』 외.

엄마의 가을 사진

단풍도 제철이면 붉은 꽃 피우는데
나목의 마른 가슴은 단풍도 꽃도 없다

천지가
다 단풍이요
꽃이라 하시더니

시

나목의 속주머니에 숨어 있는 홍엽 하나
아리고 쓰라리던 상처도 사랑인가

오 남매
손등 적시는
입동비가 내린다

차학순 시인 · 문학평론가, 인사동시인협회 회장, 하유상문학상 외, 현)마두아성서학연구소 소장.

하얀 동공瞳孔

떠나는 친구
다시 만날 수 없는 친구
그저 아쉬움만 하나 가득
그래도 손 내저어 영원한 약속을 한다

여게
나 먼저 알지, 그 주막집 말이야
왜 있잖아 돈 한 푼 내지도 않고
마음껏 마실 수 있도록 하늘이 준비한 선녀탕
내 먼저 가 자네를 기둘릴 테니!

자네도
넙죽넙죽! 비실비실! 거리지나 말고
싸게싸게 와 함께 온밤 하얗게
마시면서 취하고, 취한 후 또 마시면서
진지하게 인생 한번 논해나 보자구!
알았지! 이 친구야!

시

이 생生이나
저 생 모두가 하나
떠나는 이나 남은 이 또한 모두가 하나
아무렇지도 않은 것처럼 다시 만날 것을 약속하며
동공 하나 가득 둥글둥글 맺혀진 이슬방울들
그렇게 기나긴 전별의 이야기는 역사가 된다.

천도화 한국문협 광명 명예회장, 제5회 월탄박종화문학상, 청소년범죄예방 협의회 사무차장.

임원항구

뭉게구름을 싣고
영동고속도로 강릉을 지나 삼척으로 달려온
밤안개 내린 임원 부둣가에 쉼을 세운다

세찬 파도와 써레질하며
바닷고기를 건져 항구로 돌아온
어선들은 만선이다

시

바다를 물고 온, 포말은 몽글몽글
비릿한 바람이 누군가에게 던진 말

"너희가 게 맛을 알아"
달콤한 임원항구의 비릿한 맛이 돈다.

최균희 1975년 조선일보 신춘문예, 언남중학교 교장, 사)어린이문화진흥회 이사장, 국제PEN문학상 외, 동화집·동시집·장편소설집·단편소설집 외

(동시)
매미 소리 외 1편

푸른숲 우거진 시원한 공원에서
맴맴 쓰르랄라 맴맴 쓰르랄라
온종일 떠들썩 목청 높이네
가수왕 선발하는 노래자랑 열렸나
누가 제일 잘하는지 알 수 있다면
금상 은상 가려내어 상을 주고파

해님도 바람도 쉬어가는 공원에서
맴맴 쓰르랄라 맴맴 쓰르랄라
온종일 시끌벅적 주장 펼치네
찬성반대 가르는 토론대회 열렸나
누구 의견 맞는지 알 수 있다면
으뜸버금 뽑아내어 상을 주고파

들꽃 풀꽃

산길을 걷다가 들꽃을 보면
나도 몰래 발걸음이 멈춰져요
찔레꽃 나리꽃 향긋한 냄새
보온병에 가득 담아 학교에 가서
친구에게 조금씩 나눠줬으면

들길을 걷다가 풀꽃을 보면
나도 몰래 발걸음이 멈춰져요
흰 별꽃 초롱꽃 귀여운 모습
사진기에 담뿍 담아 학교에 가서
친구에게 살며시 자랑했으면

최돈애 월간문예사조 시 등단, 2003동아일보 OP 수필 당선, 송파문협 부회장, 미당서정주문학상 대상, 저서 「그대 그리움 삶이 되어」 외.

친구야 외 1편

친구야
외로움이 밀려와
보고 싶을 때
달려오는
네 마음을 보여줘

그리움이
스칠 때면
달려와
허그 해주는
따뜻한 손길이 필요해

그럴 때면 네가 나를
사랑할지도 몰라

이 혼

불륜에 빠져드는 미움 같은 것
사랑을 배반하는 변명
자기를 포장한 이기적인 언어보다
보수적인 슬픈 이야기

너는 없고 나만 있는 것
이유조차 뛰어넘는
합리화로 포장한 괴로운 이야기

최병원 시인 · 수필가 · 서예가, 한국공무원문학협회 부회장, 아태문협 · 나라사랑문협 회원.

6월이 오면

6월은 호국 보훈의 달
 - 1일 의병의 날
 - 10일 민주 항쟁 및 만세운동 기념일
 - 25일 한국전쟁일
 - 29일 민주항쟁(대통령 직선제 선포) 기념일

6.25 전쟁 74주년
3년 1개월간 동족상잔의 한국전쟁
지구촌 유일의 남북이 분단된 채
갈수록 극한 대립으로 전운戰雲이 짙어 가는데
평화적인 남북통일은 언제 오려나!

한 하늘 아래
남쪽은 철 따라 골골 마다 차고 넘치는 풍요로운 땅인데
북쪽은 빈곤과 기근으로 인민들은 안중에도 없고
오직 북핵北核으로 적화통일 망상뿐일세

시

지난 6.25 전쟁은 세계전쟁으로
전투 파병 16개국
의료지원 6개국
물자지원 33개국 참여로
점점 잊혀져 가고 있다

전쟁의 참혹함과 평화의 소중함
조국을 수호하기 위해 희생된 숭고한 호국영령들
그 유가족들의 아픔을 결코 잊어서는 안 될 것이며
역사를 잊은 민족에게 미래는 없으며
지난 아픈 역사를 교훈 삼아야 하리

용서와 화해로 불신의 장벽을 헐고
한반도에 다시는 동족상잔의 전쟁이 없는
통일되고 번영된 조국 대한민국을 소망해 본다

최임규 시인 · 수필가, 경동대 명예교수 · 문학박사, 신문예 · 아태문협 · 강원문학 회원.

코스모스 들길

코스모스 핀 들길은 가득한 그리움이다

순수한 색채 어우러진
여덟 장 꽃잎 속에 박힌 노란 원형
아침 이슬에 씻긴 청아한 모습, 가을 하늘에 비치면

큰 키 매달린 소박한 웃음
엷은 바람 소리는 춤추는 영혼
물결 이루는 군무群舞는 들녘의 미완성 스케치sketch다

일렁거리는 초록의 파도
눈부신 햇살 내리는 벌판
아름다웠던 젊은 날의 기억들 스멀거리고

흔들리는 가녀린 육신
꽃들 사이사이 춤추는 대지
내 푸른 날은 어설프게 밀려오는 추억의 바다다

시

오솔길 군락群落 싱그럽고
산들거리는 소박한 그들의 수다
은하銀河 흐르는 꽃의 미소가 낙화 되어

눈물 마르도록 피어나는 순백
가슴 시린 청춘의 코스모스 아련하고
인생이란 서늘한 사막을 오늘도 지나가야 한다

레데Lethe의 강가엔 돌아갈 수 없는 기억의 파편만 무수하다.

최임순 한국문예작가회 부회장, 한국문협 양천문학상 외, 시집 『사랑의 꽃 새롭게』 외.

희망의 평화통일 외 1편

21세기 한반도 이산의 시효는 말없이
흘러 붉은 악마의 선 바라보는 마음
치솟는 욕망의 불꽃이 타오른다

강물은 인고의 세월에 바람도 끝없이
적막을 깨우고 태고의 숨결 이어온
날카로운 각을 지워 우리의 낙원 영원하여
이념의 절벽 길은 빨리 열리어
강과 강이 서로 만나듯

한탄강과 섬진강 수문을 열어
주상절리 절벽 우리 강산 맞이할 때
두 팔 벌려 환영하는 앞날 자손만대
번영의 날 평화의 앞날이 하늘 높이
용광로 불꽃처럼 휘날릴 것이다

사랑의 꽃 새롭게 3

소란을 피우는 시대 시간만 지나간다
삼켜온 상처만큼 지난 훌륭한 사람들
세계는 산업혁명 연푸른 인공지능기술
최고의 우리나라 인재들이 존재한다

희망과 우리의 갈길 한 가슴 탄다
몸부림에 지낸 몇 년 세월…
이제는 심연의 불꽃으로 쏟아낸다
꽃망울이 저토록 붉을 때 세월의
문을 열어 미완성을 채울 수 있는 여백

햇살 익어가는 맑은 향기에 꿈을 이루며
산업의 꽃봉오리 부활초의 기쁨 속에
꽃향기 휘날리며 심해의 깊은 울림이다
후손들 길이길이 행복으로 가는 시간
하늘 닿는 햇살에 희망의 꽃이 피어난다.

최 춘 한국문협 독서진흥위원, 지하철시 공모 당선, 저서 『하나의 달이 천 개의 강을 비추듯』

엄마의 가을 스케치

여기는 비가 와
앞산 봉우리 단풍 들었는데 안개에 싸여 보이지 않고
기슭으로 내려오면서 단풍 들고 있어
정자 느티나무도 노랗게 물들었지
텃밭 김장배추와 무도 많이 자랐고

감도 익었어. 많이도 달렸지
마당 끝에 있는 감나무가 휘어서
주먹만 한 감이 담 위로 닿을 것 같아
아기 바람이 부나 봐
감잎 하나가 떨어져 날다가 장독대에 앉았어

대추도 많이 열렸지
나무가 하도 커서 위에는 안 땄거든
잎은 다 지고 물 먹은 대추가
꼭대기에서 대롱대롱 매달려 있어

시

국화?
마당 수돗가에 있는 거 말이지?
활짝 피었지
바람에 흔들리는 노란 꽃물결이 아주, 아주 예뻐
물 먹으니까 생기 돌아 꽃물 맺히고

어느새 비가 그쳤네
무지개 뜨려나
엄마의 휴대폰으로 들려오는 고향 집 창밖 풍경

최혜영 시인 · 와인강사, 인사동모나리자갤러리 썸머아트쇼 창작상 수상.

반 고흐의 낡은 구두에 대한 단상 외 1편

캔버스 속 낡은 구두 한 켤레
그 안에 숨은 세월의 이야기들
구두의 낡은 표면은
인간의 발자국이 만든 흔적들,
그 흔적들 모여
길 떠나보냈다네

와인의 부쇼네처럼
세월을 상하게 만든 그 속에서
누군가의 걸음과
밟힌 벌레들의 절규로
명화를 탄생시킨 반고흐

이제는 잊혀진 구두의 속삭임
무심히 지나친 사람들의 발걸음 속에
벌레들과 인간의 생명이
미세하게 엮여
삶이 죽음인지
죽음이 삶인지
분간 못하는 번뇌는
나의 몫

사자의 죽음

철창 너머 살아온 삶
언젠가는 나갈 그 날을 기다렸네
자유라는 이름의 감옥 속에 갇혔지만
나는 꿈꾸었어, 초원을 달리는 꿈을

밀려오는 두려움 속에서도
바람 속 소리를 만끽하며 살아왔지
그리움 가득한 마음으로 희망을 품고
나는 행복했다

자유 아닌 자유를 느낀 삶
하늘 아래서 자유롭게 뛰고 싶었지만
우리에 갇힌 운명은 예고된 죽음

버얼건 대낮에
황톳길에 흔한 질경이의 밟힘 같은
아아! 사자여 날개가 없었구나

하갑수 전 경상남도 교육청 장학사, 전 초등학교 교장, 교육부장관 표창, 시집 『뒤늦은 길』

허세 虛勢 외 1편

수수밭에 허수아비를 세우니
주인인 양 뽐낸다

태권도를 배우며 뽐내던 언행
짝퉁 명품 시계로 자랑하던 일
술집 아가씨에게 펑펑 쏟은 팁
왕년에 잘 나갔다고 우세 떨던 일

살아오며 많이도 부린 허세
찡그린 허수아비가 야릇이 웃는다

실속없이 겉으로 포장한 허세 글
허세 문학 속에 솟아나는 허수아비

때때로 찾아드는 허수아비 얼굴
씻을 맑은 시 한 사발 올리리

달무리

울음 토하기 전
슬픔을 억누르고 있는 눈망울

사알짝 건들면
금방이라도 눈물 쏟을 것 같은
부푼 눈동자

첫 자식 떠나보낸
누이의 눈이
하늘에 걸렸네

하봉도 아태문인협회 회원, 인사동시인협회 회원, 청담아름다운교회 장로, 시집 『하늘숲 오솔길』

고목에 핀 꽃 외 1편

봄이 오면
새순 돋는 꽃나무에
하나둘씩
꽃들 피어납니다

거센 비바람
모진 폭염 한파 견딘
어리거나 늙은 나무들

따스한 햇살에
이쁜 꽃잎 피고
고운 내음 뿜어냅니다

봄이 되면
늙어가는 나무에도
활짝 꽃 피듯

세상 풍파 다 겪은
늙은이 마음에도
청춘 같은
꽃 한 송이 피우렵니다

나의 꽃길에서

산책로 꽃길에
봄꽃 활짝 만개하니
문득 그대 생각납니다

맘속까지 비치는
다정한 눈빛
그대 맑고 환한 미소는
여느 꽃보다 고와

거짓 없는 청춘
그대와의 해맑은 날들이
무척 그립습니다

세월이 멀리 와 있어도
가슴 설레며
금방 달려갈 것 같은

그대도 그대의 꽃길에서
가끔은 날 기억하겠지요

한상담 한국문협회원, 수원문협수석부회장 역임, 인사동시협회원, 경기도문학상 외, 시집 「바람의 통로」 외.

인연의 동행 외 1편

여기가 어디인지 몰라도
그대가 내 안에 풀잎처럼 살아있어
나는 오늘도 살아 번지는 희망입니다
영원을 꿈꾸는 희망
드넓은 하늘처럼 별빛 고동치는 가슴속에
푸른 여백을 앉히고
찬란한 무지갯빛 꽃등을 밝히운다

여기가 어디인지 몰라도
그대가 내 안에 풀꽃처럼 살아있어
나는 오늘도 살아 숨 쉬는 사랑입니다
무한을 꿈꾸는 사랑
동트는 새벽처럼 햇살 고동치는 가슴속에
하얀 나비를 앉히고
끝없는 무지갯빛 꽃등을 밝히운다

살아있어 감사한 인연의 동행
함께여서 빛나는 인연의 동행

어떤 일탈

우연인 듯 해마다 스쳐 지나던 네가 보인다
우산 없이 비에 젖어 나를 부르는 소리
쟁쟁히 눈에 밟히어 온다
빗물 내리흐르는 유리창 시선 닿는 곳마다
의식의 바깥 비인 잔상쯤으로 머물다
멀어져갈 다시 우리 그저 우연아니었더냐
눈길 준 적은 있었지만
허기진 삶 네게 아무 말 건넬 겨를 없었다
쓰라린 삶 네게 아무 약속도 한 적 없었다
그런 네가 아주 달콤한 입술 또렷한 키스로
나를 목놓아 부르는 소리
안 깊이 닫아걸었던 마음의 문 열어젖히고
이젠 간절히 나오라 한다
에라! 모르겠다! 다 내려놓고 나가고 말리라!
너를 끌어안고 몹시 그리웠다 고백하리라
첫사랑 같은 설레임 앞세워 나서보는 풍경
우산 없이 진한 애무에 젖어보는 어떤 일탈

아! 세상에! 다시 돌아온 내 여인의 젖가슴
숨 가쁘게 새순 몰아온 너 푸른 봄이었구나!

한상호 2016년 《문학세계》 시로 데뷔, 제3회 아시아시인상 수상, 시집 『단풍 물들 나이에야 알았다』 외.

꽃차 만들기 외 1편

이 가을 다 가도 잊지 않으려
결 고운 수증기에
당신을 쪄냅니다

베보자기에
흠씬!
꽃물이 배입니다

한 잎 한 잎
메리골드
꽃차를 말립니다

시린 겨울 와도
당신 만나고 싶은 그 마음에

낙화주를 마시며

생각거니,

너 하나 있어

온 산하山河

그리

붉었다

한임동 시인·수필가·서예가, 서울문학 편집위원, 남양주시인협회 자문위원, 시집『들꽃이 아름다운 이유』외.

빛과 어둠 외 1편

땀 흘린 얼굴엔 구릿빛이 나고
놀고먹는 얼굴엔 누우렇게 떠 있고

노력한 얼굴엔 눈빛이 영롱하고
빈둥댄 얼굴엔 초점 잃은 게눈이 되고

신나는 얼굴엔 웃음이 만발하고
우울한 얼굴엔 어둠이 서려 있고

힘들면 쉬었다 하는 지혜로
재미없으면 재미있게 만들고

무슨 일이든 신나게 하고
신나게 하는 일에 길이 생긴다.

시

금낭화

경기도의 알프스
명지산에 오르면
7부 능선에 금낭화 꽃밭이
옹기종기 모여 있습니다

여인들 조리개 같아
금낭화라 했는데
선비들이 보는 눈은
생김새와 색깔이
발그스레한 개불알 같아
개불알꽃이라네

여인들은 금낭화요
선비들은 개불알꽃
꽃은
두 가지 이름 듣고
먼~산
깊은 산으로 숨어 피나 보다

허만길 문학박사・시인・소설가, 복합문학 창시자, 신문예문학회 자문위원, 단편소설 『원주민촌의 축제』외.

호압사 약사전 고운 마음

쌀쌀한 겨울 해질 무렵
서울 호압사 약사전

차가운 마룻바닥
부지런히 절 올리는
젊은 여인
방석 하나 건네고도 싶었으나
망설였다.

다른 사람의 조용한 마음 흔들릴까
쌓아 둔 방석
손도 대지 않는 여인

눈 감고 명상에 잠기는데
문 가만히 열고
사뿐히 나가는
여인의 아련한 소리

시

이윽고 나도 약사전 나서니
아무렇게나 벗어 두었던
나의 등산화
신기 좋게 방향 바꿔어
곱게 놓여 있었다.

때는 2009년 12월 13일
오후 5시 50분
돌계단 내려서는 절 마당 공기는
한없이 조용하고 경건했다.

허형만 목포대학 명예교수, 『공초문학상』 외, 시집 『칼바람』 외.

가랑잎처럼 가벼운 숲 외 1편

숲길 누리장나무 아래
검정 상복을 입은 개미들이
참매미의 장례식을 치르고 있다
이미 여름은 끝났는데
한순간의 작렬했던 외침은
지금쯤 어느 골짜기를 흘러가고 있을까
오후 여섯 시, 햇살이 서서히 자리를 뜨는 시간
부전나비 한 마리
누구 상인가 하고 잠시 기웃거리다 떠나가고
이제 곧 가을이 깊어지리라
아무도 알아채지 못하게
숲을 끌고 가는 개미들의 행렬
숲은 가랑잎처럼 가볍다

시

뒷모습을 찾아서

케이티엑스를 탈 때마다
역방향 자리에 앉는다
오늘도 6호차 역방향 6D석에 앉아
앞에서는 보이지 않는 산의 뒤쪽
골짜기에서 피어오르는 물안개를 본다
물안개에 젖어 떠돌던 산빛이
사람 사는 동네까지 따라와
하이얀 눈발로 내려앉는 걸 본다
참 황홀한 광경에 눈시울이 젖는다
누가 나의 뒷모습에서
이처럼 눈물나는 뒷모습을 볼 것인가
케이티엑스를 탈 때마다
역방향 자리에 앉아 생각하곤 한다

홍중기 베트남 나트랑. 사이공 방송국 근무, mbc문화방송 공채 5기생, 한국전쟁문학회 회장, 시집 『아기 걸음마』

꽃을 닮는 시 외 1편

장미꽃은
아름답다

그러나
시 는

잠자는 영혼을
깨워

그리움을 심고
꽃 피운다

빛깔

빛깔은
사랑이다

그리움을
풀어놓고
다가오는

당신은
누구신가요

황옥례 명지대학 문창과 졸업, 한국신문예문학회 제8대 회장 역임, 시집 『목어의 눈』 외 수필집 다수.

매화 나무를 심다 외 1편

김용준의 '근원 수필' 중에
댁에 매화가 구름처럼 피었다는
글이 내 가슴에 꽂히었다

꽃이 구름 같다는 그 말
느낌을 체득하고 싶어
산골 오지에 집을 짓고
매화나무를 심었다

이제 십 년이 지나자
매화도 구름처럼 탐스럽게 꽃을 피웠고
유덕한 향기 나와 주위를 감싸준다

매화꽃 앞에 서서
풍겨 오는 암향을 다칠세라
호흡을 가다듬어 격렬히 뛰는 심장을
두 손 모아 진정시킨다

수선화

샛노랗다 못해 황금색을 뽐내는 듯한 자세
화사하고 함초롬히 핀 꽃 매혹적이지요

워즈워스 박물관을 견학 갔었는데
그가 사용하던 집기와 책,
잡다한 살림집기와 도자기들
수선화 그림을 입고 관광객 기다리고 있었지요

워즈워즈는 정원에 무리 지어 핀 꽃들을 보고
'수선화 마음의 눈에 나타나 축복 같은 고독에 반짝이네'
라고 적었지요

그는 마음 골짜기에 깊은 시샘이 있어
수선화 같은 명시가 탄생하였지요

隨筆

고영문 고응남 권남희 김동출 김영탁 김용옥 김희재 박용유 박진우 배병군 안윤자 안종만
이명지 이석곡 이성림 장해익 정교현 홍재숙

고영문 월간《수필문학》천료(2011년), 한국문인협회 회원, 제3회 에스프리문학상 수상, 수필집 『감동을 찾아 떠나다』

말만 들어도 고맙네

길에서 동네 한 어른과 마주친다.
"아침 자이십니꺼?(잡수셨습니까?)"하고 인사를 드릴 때면 "어~(응~)"하고 진지하게 받으신다. 어떤 때는 "자네도 아침 먹었는가?"라고 되받아 물어 주신다.

점심 후에는 아침을 점심으로 바꾸고 저녁 후에는 점심을 저녁으로 바꾸어 인사하면 되었다. 아침, 점심, 저녁 인사가 어중간할 때는 "나 와이십니꺼"(나오셨습니까)라고 인사드린다. 이럴 때도 "어~ "('어'에 엑센트를 넣어). 아니면 "자네도 밥 먹었는가?"라고 하며 웃으며 받아 주신다. ○○ 5일 장에서 만날 때면 "장에 와이십니꺼?(오셨습니까?)" 역시 "어~ " 하신다.

'어른을 보고도 모른 척 그냥 지나치면 안 된다. 그러면 상놈 된다.' 라며 어른들께서는 항상 우리에게 타이르시곤 하셨다. 인사였다. 인사人事는 만나거나 헤어질 때 말이나 행동으로 예禮를 표하는 일로 어른에게서 가장 먼저 기본으로 배우는 예중의 하나였다. 다음으로 출필고 반필고出必告 反必告해야 한다고 가르치셨다. 나갈 때 고告하고(말씀드리고) 돌아왔을 때 고告한다. 즉, 인간으로서 지켜야 할 기본 중의 기본 예禮였다.

한참 살기가 어려웠을 때였다. 그래서일까, 인사말에는 주로 밥이 들어갔다.

하루 삼시 세 때, 먹을 것이 부족해서 제때 잘 챙겨 먹지 못할 때는 점심點心은 글자 그대로 마음에 점만 꼭 찍고 때워 넘어가는 때가 많았다. 배는 고팠지만 인정 하나만큼은 넘쳤다. 밥은 잘 먹지 못했어도 밥을 잘 먹었느냐는 인사로 정이 오갔다. 그때는 인사가 그랬다. 먹고 사는 게 문제였던 시절이었으니 밥 잘 먹었느냐고 서로들 걱정해 주는

수필

따뜻한 인사말 한마디가 최고의 인사였다. 언제 어느 때, 어디에서 만나든 이 인사말 하나면 더 보탤 것이 없었다.

자기가 먹을 밥이 없거나 부족해도 밥을 먹을 때 어느 누가 지나가기라도 하면 "밥 좀 드시고 가이소(가십시오)."라고 인사했다. 그럴 때면 동네 어른들께선 "말만 들어도 고맙네." 하면서 그냥 가신다. '말만 들어도 고맙네.'라는 정과 여운을 남겨둔 채⋯ 가던 길을 가셨다.

하루 삼시 세 때, 밥도 제대로 챙겨 먹을 수 없었던 어려운 사람들이 많았었다. 그렇지만 밥 인사말 한마디는 듣는 사람에게 위로가 되곤 했다. 말만 들어도 고마웠다. 헛말이라 해도 괜찮았다. 밥 인사말을 해서 그런지 사실 배가 더 고픈 것 같기도 했다.

웃어른들에게 항상 듣는 말이 있었다. 밥은 굶더라도 '인사는 잘해야 한다.', '그래야 양반 소리 듣는다!', "어느 집 누구는 인사를 잘하더라. 본데가 있어 그렇지!"라고 하시는 어른들의 말을 종종 듣곤 했다.

인사에 대해서는 말도 많기도 하다. 잘해도 탈, 못해도 탈, 안 해도 탈이 되는 경우를 두고 하는 말일 것이다. 그래서 인사를 할 때는 진심이 담긴 말과 행동으로 상황에 맞게 인사말을 해야 한다. 동네에서 어른을 만났을 때, 다른 동네에서 만났을 때가 다르다. 논밭에서 일하다가 어른을 만났을 때의 인사말도 조금씩 다르게 된다.

어른들께서는 우리에게 어디 갈 때는 반드시 출필고 반필고出必告 反必告해야 한다고 가르치셨다. 집 밖으로 나갈 때는 "잘 다녀오겠습니다."라고 인사하고, 돌아오면 그 즉시 "잘 다녀왔습니다."라고 얼굴을 보이며 인사해야 한다고 기회 있을 때마다 조용조용 가르치셨다.

예로부터 인사人事는 예禮의 가장 기본이 되었다. 사람이 마땅히 지켜야 할 행동이었다. 서로 만나거나 헤어질 때는 알맞은 예를 꼭 표하는 것은 가장 간단한 태도고 도리였다. '가는 말이 고와야 오는 말도 곱다', '말 한마디로 천 냥 빚을 갚는다', '말로서 말 많으니 말 말을까 하노라'는 등 인사에서 시작되는 대부분의 말에 대한 행위는 예의 한 가닥 기본으로 자리 잡았다.

고응남 시인·수필가·화가, 인사동시인협회 부회장, 대한예술신문 총재, 전)백석대학교 교수.

복면가왕

 베니스. 세계에 있는 많은 도시 둘 중에서 특히, 운하·예술·건축과 독특하고 낭만적인 분위기로 나의 기억에 남아 있는 아름다운 도시이다. 유명한 산마르코 광장에서의 산책은 더욱 나를 설레게 하였다. 베네치아 건축물은 이탈리아·아랍·비잔틴·고딕·르네상스·마니에리슴·바로크 양식 등이 모두 나타나는 특징을 갖고 있다.
 베니스 카니발. 세계 3대 카니발 중 하나인 축제이다. 가면을 쓴 시민들이 산 마르코 광장을 걷는 축제이다. 아쉽게도 참석은 못하였다.
 베니스 가면. 베니스를 연상시키는 상징과도 같은 것이다. 산 마르코 광장의 상품 가게 여기저기 가면이 눈에 띈다. 나도 가면 하나 사서, 베니스 카니발의 가면을 쓴 시민들처럼 상상을 하며 산 마르코 광장을 걸었다. 베니스 앞바다도 응시하였다.
 음악 프로그램. 여러 가지 재미있는 프로그램 종류가 많다. 너목보, 싱어게인, 미스터 트롯, 미스 트롯, 복면 가왕 등. 이 중에서도 베니스 가면을 연상케하는 복면가왕 프로그램. 일요일 저녁 오후 6시쯤 시작하여 1시간 반쯤 진행하는 프로그램이다. 매주 기다리며, 거의 빼놓지 않고 시청하는 프로그램이다. TV 드라마는 거의 보지 않는 나이기에 아내와 같이 보는 유일한 프로그램 중의 하나이다.
 블라인드 면접처럼, 가면을 쓰고 실력으로만 판정하는 음악 프로그램이다. 1라운드에서 8명이 나온다. 2명씩 서로 같은 노래를 불러 각각 4명을 음악 판정단에서 뽑는다. 1주간의 분량이다. 그다음 주는 2라운드에서 4명이 2명씩 붙어서 3라운드에서 올라온 2명과 가왕과 노래 실력을 겨루어 가왕을 선택하는 프로그램이다.
 음악 판정단은 99명으로 구성된 전문 음악인들과 일부 연예인들,

수필

청중단으로 구성되어 있다. 이때 중간중간에 살짝 가면 쓴 사람에 대한 힌트를 주어 청중들에게 호기심을 자극한다. 나와 아내도 판정단에 앉아 있는 것처럼 점수를 매겨 본다. 2명에서 1명을 뽑는데, 예를 들면 50대49, 60대39 등 누가 이길 것인지, 어떤 점수로 이길 것인지를 예측하는 것이다. 이러한 예측에 대한 맞춤과 빗나감은 쏠쏠한 재미로 이어진다.

  복면가왕. 나에게는 이 프로그램을 보는 동안에 베니스의 거리를 연상하게 한다. 산마르코 광장에서 음악 들으며 산책하듯, 음악을 보고 듣는다. 베니스 가면을 쓴 것처럼 연상하며, 실력자를 예측하는, 착각을 주는 프로그램이다. 아내와 함께, 유일하게 서로 얼굴 쳐다보며 대화하는, 따스한 추억을 주는 프로그램이다. 또다시 일주일을 기다리며, 일주일의 활력을 힘껏 북돋아 준다. 가면을 쓰고 베니스의 거리, 산마르코 광장을 다시 한번 걷고 싶다.

권남희 (사)한국문인협회 수필분과 회장, 한국문학백년상 외, 수필집 『그래도 다시 쓴다』 외.

글씨seed와 발아의 힘

'종자는 따로 있단다'
농부 아버지가 들려준 말이 가끔 생각난다.

열 살 무렵인가. 아버지를 따라 종묘회사를 따라간 적이 있다. 그 봄에 처음 만난 풍경들…세상에 씨앗이 종류별로 그렇게 많다니 충격이고 씨앗으로 돈을 벌고 있다는 사실도 신기했다. 여름철 농사가 끝날 때마다 땅에 떨어져 밟히는 게 오이, 참외, 수박씨였는데 무심코 지나친 그들은 알리바바의 요술 램프였다. 호박 가지 배추 무 등과 당시 특용작물이었던 토마토, 양배추의 종잣값도 차이가 났다. 아버지는 농사법 책도 사고 비료도 구했다.

12평 정도 국민주택 우리 집보다 큰 상점에는 깨알 같은 씨앗부터 양파처럼 제법 몸피가 있는 뿌리까지 가득했다. 연필로 찍은 점 같은 크기로 작거나 무뚝뚝해 보이는 돌멩이 같은 종자들. 그들이 뿌리를 내려 생명을 일으키고 우리들을 살게 한다는 일은 아버지를 향한 믿음까지 주었다.

종묘회사를 구경한 뒤 그들의 위대함을 깨달아 나는 틈나는 대로 밭으로 나가 씨앗들을 줍고 모았다. 씨앗 봉투를 만들어 종류별로 이름을 쓴 뒤 아버지에게 선물했는데 아버지가 웃음을 터뜨렸다. 씨받이용들은 처음부터 따로 밭을 만들어 키워야 한다는 걸 몰랐다. 잠자는 씨앗부터 상품이 될 수 있는 씨앗은 겉에 배꼽이 있고 배꼽줄에 씨젖 등을 갖추고 저장방법도 달랐다. 아버지가 가장 좋은 씨앗을 육종회사에서 돈 내고 사는 이유를 알게 되었다. 몇 년에 한 번씩 품종을 바꾸는 씨앗은 아버지에게 신천지였다.

수필

농부 아버지가 직접 씨를 거두지 않고 종묘회사의 신품종을 자꾸 사들여 실험하는 이유가 있었던 것이다. 시장은 언제나 익숙한 것보다 새로운 것들에 관심을 보이고 돈을 내기 때문이었다. 씨앗 관리하는 일부터 싹을 틔우고 모종을 키우는 일도 아버지에게 어깨너머로 익혔다. 개구리가 나올 때쯤이면 따뜻한 아랫목에 씨앗을 물에 불려 검은 천으로 덮는데 일주일이 되지 않아 싹이 텄다. 뿌리가 나오면 모판을 만들어둔 양지바른 바른 땅에 간격을 잡아 심었다. 씨앗은 자연의 피돌기를 위한 밑천이었다.

인생의 밑천들도 씨앗의 모습으로 미미해서 지나칠 때가 많다. 사람이 살아가면서 무언가를 시작할 수 있는 씨앗은 종잣돈이지만 글 짓는 작가에게 종잣돈은 생각을 품은 찌들이다.

글을 쓰고 책을 출간하면서 종이쪽지, 포스트잇, 컴퓨터 파일이나 스마트 폰의 일 대 일 채팅에 메모해둔 낱말이나 짧은 글들을 본다. 10년 20년 동안 묻혀서 기다리고 있는 메모들은 밑거름이다. 책을 읽고 생각하다가 글을 쓰면 언어가 품고 있는 문학적 새싹들이 종잣돈으로 나타나는 것이다.

건물마다 카페가 들어서면서 집으로 돌던 차모임 시대가 끝났다. 아이들까지 카페생활자로 변화시켰다. 초등학교 앞 빽다방은 학생들로 만원이고 스타벅스는 직장인들로 가득하다. 문학동아리 모임도 장식으로 분위기를 준 카페에서 이런저런 이야기들을 두세 시간씩 주고받는다.

농부 같은 마음으로 귀담아듣다가 번개를 맞을 때가 있다.

아! 글로 쓰면 좋겠네 감탄하지만 대부분은 그냥 흘려보내고 만다. 말은 말로 사라지고 나중에 해야지 같은 믿을 수 없는 지푸라기만 잡고 있다. 문맹자였던 소크라테스는 뭐든 말로 때우면서 글 쓰는 일을 혐오했지만 플라톤 등 그의 제자들이 테스형의 어록들을 책으로 엮어냈다.

글을 쓰기 위해 앉으면 보고 들었던 모든 일을 다 쓸 수 있을 것 같앉던 호연지기는 사라지고 머릿속이 텅 비어버린다. 마음먹기 달렸다는 말도 허세라는 걸 깨닫는다. 도깨비도 수풀이 있어야 모인다는데 책꽂이를 살피고 컴퓨터를 열어 파일을 확인해도 별 게 없다. 나의 종자 회사는 개점휴업이기 때문이다. 꾸준하게 보듬지 않은 이유로 글씨seed들이 없다.

수다 속에 꽃피고 번뜩이던 감각들은 어디로 갔을까. 분명 글쓰기에 좋은 팁들이 불꽃처럼 튀었고 정보의 바다를 누비는 수다였는데 그걸로 끝날 때가 많다. 카페에서의 매력적 잡담들은 헤어질 때면 상영 끝난 극장의 뒷맛으로 남는다. 먹다가 툭 뱉어낸 참외 씨앗이 계절 끝에 싹을 틔우다가 성장 가망성을 잃는 일과 같다.

수다는 그 소모적 기류 때문일까. 글쟁이에게 밑천으로 재생되지 않는다. 재활용이 안 되는 포장재의 수다들로 에너지가 고갈된다.

씨를 만들지 못하도록 호르몬을 조절한 씨 없는 수박이나 씨 없는 포도 등을 먹는 우리들의 시대와 맞물려있다.

가지가 축축 늘어지고 잘 자란 소나무 落落長松도 근본은 種子라고 한다. 발아를 기다리는 문학의 씨앗들을 잘 가꾸기로 마음먹는다.

전화선을 뽑고 하루 열 시간 책상에 앉아 0.75매씩 글을 써내는 오르한 파묵 소설가를 존경하지 않을 수 없다. 농부의 마음으로 짓는 글은 비바람을 맞고 눈물 먹은 어둠의 시간에서 움트는 것들이어야 하기 때문이다.

수필

김동출 42년간 초등교직에서 정년 퇴임, 2021 《월간신문예》 시 부문 당선, 제9회 에스프리 문학상 수상.

신앙 안에 선물 '기침해방탕'

지난 4월 하순 교육대학 동기 부부들과 함께 5박 6일 동안 제주도 여행을 다녀왔다. 애월읍(2박)과 서귀포(3박) 펜션에서 숙박하며 계획한 일정에 따라 인근의 관광지를 찾아다녔다. 현지에서 대여한 카니발을 타고 도보 여행하듯 하루에 대략 5~6천보 정도 걸었다. 들뜬 기분에 젊은이 같은 패기로 함께 다니며 제주도에서만 맛볼 수 있는 것 사 먹고, 보고 싶은 것 보고, 사람 구경도 하고, 경치 좋은 곳에서 힐링도 한 그때는 피곤한 줄도 모르고 여행 일정을 마무리하였다. 그런데 귀가 후에 우려 했던 후유증이 곧바로 나타났다. 체력이 바닥난 탓인지 면역력이 떨어지자 감기 바이러스가 무섭게 달려들었다. 병원에 가서 마늘주사 링거를 맞기도 하였으나 끝내 한동안 심한 감기 · 몸살로 앓아눕고 말았다.

그런 필자를 우려해 안부가 궁금한 玉溪 김바오로 형님께서 남양 洪氏 처가에서 대대로 전해오는 민간요법 〈기침해방탕〉을 만드는 처방전을 상세히 기록하여 보내왔지만, 재료를 쉽게 구할 수 없어 꾸물거리자 이를 안타깝게 여겨 성질 급한 형님이 어느 날 예고도 없이 형수님께 부탁하여 정성 들여 달인 '기침해방탕'을 전기밥솥 통째로 차에 싣고 송구하게도 집 앞까지 한걸음에 온 것이다.

신앙 안에서 맺은 형제 의가 만든 감동의 선물이다. 몇 번이고 감사 인사를 드린 후 무거운 밥솥단지를 캐리어에 받아 싣고 올라와서 서재의 책상 위에 조상 신줏단지 모시듯 올려놓고 전기를 꽂았다. 그대로 뚜껑을 열어 당장 맛을 보니 뜨끈한 맛에서 우러나는 열기가 혈관을 타고 온몸으로 순식간에 퍼져 후끈후끈 달아오르니 곧 낫겠다는 믿음이 들었다. 이후부터 전기를 꽂아 놓고 물을 조금씩 더해가면서 재료가 삭아 없어질 때까지 꾸준히 마셨더니 며칠 지나 몸이 씻은 듯 개운해졌다.

참으로 감사한 일이다. 필자보다 7살 연상으로 집안의 맏형 벌인 김바오로 형님은 경상북도 영덕 출신이다. 태백산맥의 지맥이 뻗어내린 곳, 청정해역과 아름다운 자연경관이 어우러진 고장 출신이다. 필자가 10년 전 현재의 본당으로 전입한 첫날 교중미사를 마치고 나오는 우리 부부를 맨 처음 따뜻하게 맞아주셨던 분이다. 그 인연으로 〈레지오 쁘레시디움〉과 〈바오로회〉 신심 단체의 활동을 함께 이어오면서 굳건한 형제 의를 다져 오고 있다.

필자가 3년 전 바오로 형님의 축일을 기해 다음과 같이 지은 詩를 족자에 담아 헌정한 바 있다.

玉溪 金○光 바오로 頌

산수 빼어난 영덕盈德의 아들로
밝은 형안에 인품이 청아하며
언행이 반듯한 금일의 선비로다

예수님 믿음은 반석같이 견고하고
나누는 정의마다 평화가 깃드니
그를 칭송함에 한 점 부끄럼 없어라.

- 壬寅년 淸明지절 개암 김프란치스코 드림

미국의 시인 T.S. 엘리엇은 1922년 그의 시 "황무지(The Waste Land)"에서 전통적으로 생명과 부활의 달로 알려진 4월을 역설적으로 〈가장 잔인한 달〉이라고 했던가? 이는 겨울이 끝나고 모든 것이 다시 깨어나는 봄의 시작을 고통스러운 정신적 깨어남을 비유한 것일

수필

터이다. 부활절을 성스럽게 보낸 후 일탈한 제주도 여행의 추억을 제대로 남기기도 전에 이렇게 큰 시련이 닥칠 줄은 미처 생각지 못했다. 이후 기도 중에 곰곰이 생각하니 "너는 이렇게 무리하게 몸을 쓰면 안 된다."라는 예수님의 계시라는 생각이 들었다.

감기·몸살은 면역력이 약해졌을 때 바이러스에 의해 감염되는 만병의 원인이 되는 질병이다. 필자와 같이 강건하지 못한 분들은 일단 감기·몸살기가 나면 휴식을 취하고 바로 가까운 병원에 가서 피로 해소와 체력 증진에 도움을 주는 비타민 B1 성분의 '마늘주사' 맞기를 권해드리고 싶다. "기침 해방 탕"으로 치유의 은총을 빌어주신 김 바오로 형님 내외분께 감사드리며 건강하게 백년해로하시길 기도드린다. 독자 재현 여러분께도 김 바오로 님이 보내 주신 [남양 홍씨 家 秘傳 기침해방탕] 처방전을 소개하며 함께 공유한다.

1. 재료
배 2개, 콩나물 약간(2천 원어치 정도), 강엿(없으면 물엿으로), 도라지, 대추, 생강 1개 정도

2. 조제법
전기밥솥에 배를 껍질 벗기지 말고 잘게 쪼개어 밥솥 바닥에 껍데기가 밑으로 가도록 깔고 그 위에 콩나물 머리째로 한판 깐다. 또 그 위에 도라지, 대추, 생강을 쪼개어 넣은 후 물을 붓지 말고 전기밥솥을 보온 상태로 켜놓고 12시간 정도 있으면 기침 해방 탕이 완성된다.

3. 음용법
수시로 쪽 자로 퍼마시면 되는데, 다 마실 때까지 꼭 보온을 유지하면 된다.

4. 기타
물엿보다 강엿이 좋다. 맛있다고 지나치게 마시면 당뇨와 위장 장애가 올 수 있음.

5. 음용(飮用)하면 꼭 나을 수 있다는 확신이 기침에서 해방되며 완치 후 감사 인사는 꼭 해야 재발하지 않는다고 함 ㅎㅎ.

김영탁 수필가·소설가, 강남문인협회 회장, 서울특별시문학상 외, 수필집 『가는 歲月 남은 情』 외.

그 몸에 깃든 참뜻은

『사학연금』지 436호(03)에 '말로는 다 표현할 수 없는 반려견이 주는 행복'이란 주제의 특집기사가 올려있다. 메마른 세상에 인정 푸는 내용인지라 읽고 또 읽었다. '사람과 동물이 모두 행복한 곳'이라는 뉴욕 센트럴파크의 조명은 신선했다.

한데, 반려동물에 대한 만상萬象이 대형 스크린에 요지경처럼 떠오른다. 심장에 담아두고 싶은 아름다운 이야기가 있는가 하면, 인간이기를 포기하는 군상들의 눈살 찌푸리게 하는 모습도 있어, 다양성의 수용에 서툰 필자의 맘은 편치가 않다.

사람이 개는 속이는데, 사람이 사람은 못 속인다. 그걸 보면 사람이 개보다 더 많은 교만을 품고 사나 보다. 개는 사람을 안 속인다. 개도 사람처럼 정서적인 데가 있기에 반가운 사람을 만나면 눈물을 흘린단다. 이 조건반사를 일본의 아자부대 기쿠수이 다케후미 교수 연구진이 입증했다. '달걀이 먼저다. 닭이 먼저다.' 이 논쟁도 한동안 뜨거웠다. 고맙게도 닭이 앞섰다는 결론을 영국의 셰필드대 연구팀이 단백질을 분석해 해답을 얻었다고 전했다.

이쯤에서 상대적으로 한국의 정부나 특히 국회의원의 경우, 이들의 과학적 소양이나 산술算術하는 지능은 무지에 가깝지 않나 이런 생각이 들 때가 많다. 국민도 그런 류種가 적지 않다. 세월호와 천안함 사건에 결부시켜 본 사안이다. 짧지 않은 시간 이 사건을 두고, '青龍의 妖術이다', '白虎의 咆哮다' 이렇듯 서로 원인을 캔다며 세금을 축내는 집단을 많이 봤다. 날개 부러진 노랑나비 모양의 배지를 지금도 왼쪽 가슴에 달고, 상주 행세하는 국회의원을 TV 화면을 통해서 자주 본다. 친부모 상을 당했을 때는 얼마나 큰 상장喪章을 몇 년이나 달고

수필

다녔을까? 3년간의 시묘효侍墓孝를 보인 제천시 봉량읍의 박상근 효자의 효심을 보는 것 같아 애처롭다. 아니, 한탄스럽다. 세월호와 천안함의 침몰 원인은 끝내 미궁의 간첩 사건인가! 우리는 불행하게도 과학에 문외한인 국회의원이 의정 활동하는 나라에 살고 있다.

개 얘기는 언제 들어도 싫증이 나지 않다. 아주 먼 곳으로 팔려간 개가 집으로 돌아왔다는 이야기는 어렵지 않게 듣는다. 물에 빠져 떠내려가는 아들을 구해준 애견이야기도 있고, 의식을 잃고 길에 쓰러진 주인의 얼굴을 핥으며 6시간을 짖어 주인을 살려낸 의로운 개 이야기도 있다. 충견과 함께 대학 졸업장을 받은 학생도 있다. 주인공은 10년 만에 학사모를 썼다고 했다. 그런가 하면 안내견과 더불어 졸업장을 받은 경우도 있다. 교수들은 학생출석을 확인할 때면 더불어 안내견 이름도 불렀다고 했다. 아기사슴과 함께 출퇴근하는 여인이 있는가 하면, 어미 잃은 새끼멧돼지에게 젖을 먹이는 브라질의 밀림에 사는 과하족族의 모습도 언론에 공개되었다.

대전지역으로 팔려간 진돗개 백구는 7개월 만에 집을 찾아왔다. 무려 3백km의 거리였다. 진도군 의신면 돈지리에 있었던 일이다. 5년생 백구를 대전지역 애견가에게 팔았는데 7개월 만에 돌아온 것이다. 한밤중 뼈와 가죽만 남은 앙상한 몸으로 돌아온 개를 본 주인의 마음을 한번 생각해보자. 그 기분 글쟁이의 힘으론 형언이 불가능이다. 세월이 흘러 백구는 결국 수명을 다했고, 마을에서는 충견 백구의 동상을 세워 길이 충성심을 길이기로 했단다. 그런가 하면 길을 잃은 애완견 두 마리가(백구와 커피색) 서로 의지하며 우정을 나눈 이야기는 눈시울을 적신다.

나라에 충성한 개도 있었다. 9년 만에 은퇴한 구조견 소백이 이야기다. 9년 동안 223건의 재난현장에 출동해서 13명의 인명을 구조했으며, 광주의 한 아파트에서는 매몰자 6명 중 4명을 찾아내기도 했었다. 박원순 전 시장의 주검을 발견한 것도 소백이었다. 8년간 폭발물과 실종자 수색에 앞장섰던 경찰견 럭키의 생애도 심금을 울린다. 럭키는 벨기에 산 세퍼드인 마리노이즈 품종이다. 폭발물 찾아내는 보증수표와 같은 존재였다고 한다. 임무 수행에 나간 횟수만 200차례가 넘는다. 하나, 럭키는 급성 혈액암이 퍼졌다는 진단을 받고 동물병원에서 치료를 받았지만 활동이 불편해지고 피부 욕창에 내출혈까지 발생함에 부득이 안락사를 시켰는데, 눈물의 장례식이 되고 말았다는 이야기다. "럭키야, 그동안 고생 많았어, 사람들을 위해 힘써줘서 미안하고 고맙다. 다시 만날 때까지 하늘나라에서 행복해" 의무감이 남달리 강했던 럭키, 그는 수의사와 고참 대원들의 거수경례를 받으며 하늘나라로 떠났다.

우리들의 역대 대통령의 개 사랑은 남달랐다. 박정희는 청와대 잔디밭에 얼굴을 대고 엎드려서 개가 뛰노는 보습을 보고 즐겼으며, 박근혜는 청와대 생활에서는 개가 꼬리를 흔들면 실세實勢라는 말이 싹터 자라도록 개와 친했다. 대통령으로 당선되어 삼성동 사저를 떠날 때 동네 주민으로부터 선물 받은 개를 가까이 두고 지냈던 것이다. 자신의 페이스북을 통해, 새롬이와 희망이가 낳은 다섯 마리를 평화·통일·백두·금강·한라라 이름 짓고, 분양을 했다. 윤석열의 애완견 사랑도 박통의 그것에 버금인 듯 보인다. 윤통은 용산 한남동의 대통령 관저에서 박과 오찬을 함께한 뒤 반려견을 안고 배웅을 할 정도였다.

문재인 대통령도 개를 무척이나 좋아했다. 청와대의 주인이었던 내외분이 애완견을 안고 있는 모습이 담긴 신문의 기사는 참으로 인상적이었다. 8마리의 백구에 둘러싸인 채 앉아 있는 여사님의 옆에서 같이 웃음을 지으며 서 있는 문의 모습이 담긴 사진은 한 폭의 동양화이다. 문이 달력을 만들고, 그 달력에 삽화까지 넣었다면 가히 애완을 넘어서 광적인 사랑을 지니고 있음이 아니던가. 그러나 제2막이 없었더라면 하는 아쉬움이 남는다. 그는 '반려동물 등록위반 정황'까지 갖고 있다는 보도를 봤다. 청와대 시절 북측이 선물한 풍산개 암수를 기르는 과정에 사육비 부담이 생겼다며, 이런저런 단계를 거쳐 광주시청으로 소유권이 옮겨지고, 광주시청은 이를 사육하기 위해 많은 예산을 편성하는 과정에 잡음이 인 것이다. 애완견을 삽화로 담아 제작한 달력이 수익收益을 위함이었다고 하니, 조금은 아쉬운 생각이 남는다.

　미국의 상원의원 '래피얼 워녹'의 경우를 보자. 그는 개를 선거의 운동 도구로 사용하여 상원의 국회의원이 되었다. 조지아주의 민주당 소속의 흑인 후보가 그 짓을 했다. 조지아주는 공화당 텃밭이다. 그는 선거 운동 기간 개와 함께 찍은 사진을 공개했다. 개를 데리고 주택가를 산책하거나 배설물을 치웠다. 흑인 목사 출신인 '래피얼 워녹'의 이 영상물은 보수성향인 조지아주 백인 유권자의 환심을 얻기에 충분했다. 이 지역 애완견을 기르는 비율이 백인의 경우는 45% 흑인은 20%라는 통계가 있다. 조지아주에서 흑인 '래피얼 워녹'의 당선은 100% 개 득을 본 것이라 평가되고 있는 터이다. 그러나 이 개는 선거운동용 영상을 올리기 위해 잠시 빌려온 개였음이 나중에 밝혀졌다. 이득 심리의 파렴치다.

　우리나라의 경우, 개를 키우는 인구가 1천만에 이른다는 통계가 나왔다. 2023년 현재 28.2%에 해당하는 국민이 개를 키운단다. 농림축산식품부 계산이다. 이제 반려동물은 단순한 애완동물이 아니다. 인간과 공존하는 생명체이다.

　경기도 양평군의 한 주택에서 1천2백 마리의 개가 굶어 죽었다는 기사를 보고 눈을 의심했다. 돈 주고 사 온 개가 아니라, 돈 받고 사 온 개를 그렇게 구덩이에 처넣어 굶어 죽게 했다는 것이다.

　동물자유연대의 조사에 따르면 지지난해 유실·유기 동물 발생 건수가 약 12만 건의 숫자에 이른단다. 급기야 기업들이 미혼 임직원에게 '미혼 축의금을 주거나, 자녀를 대신한 반려동물 양육비를 지원해 주는 복지제도를 꾸리겠다고 하니, 국제강아지의 날이 제정되듯, 부디 동물보호법이 개정되었으면 좋겠다. 그리하여 인간이 자기 편익을 위해 개의 생식기와 성대를 제거하는 수술을 하거나 개를 물건처럼 버리는 파양 행태는 종식되었으면 좋겠다.

　삽살개 홍보대사로 위촉되기도 했던 주용식 존스홉킨스대 국제대학원 교수는 식사때마다 삽살개의 건강을 비는 기도를 올린단다. 주용식 홍보대사가 손짓을 하면 개는 곧바로 그곳을 바라보는 교감을 가지고 지내는 터이다.

서울대공원大公園에는 조련사로 근무하는 돌고래의 언니가 있다. 미인 박상미이다. 박상미 언니의 일기장을 잠깐 엿봤다.

- 2009년 7월 25일 첫 만남
"이름도 지어주며 불러주며 친해지려 온갖 노력 다했지, 근데 넌 나를 외면했어, 까칠한 놈"
- 첫 교감交感의 순간
"1년쯤 지난 어느 날 널 안자 넌 폭 안겨서 눈을 감았어, 마치 정지화면처럼, 꿈같았어"
-영특하고 기특했어-
"공연 때 내가 쓰러질뻔하자 넌 재빨리 중심을 잡아줬지 분명 가서 한 '조직' 이끌거야"
- 오늘은 제주로, 훈련 후 방사!
"고등어 사냥 연습 기억나니? 무서워서 막 도망가던 네가 이젠 잡았다 놨다 갖고 놀데"

미모의 조련사 박상미는 제돌이와 마지막 인사로 가볍게 입맞춤하면서 이렇게 말했다.

"············."

그리고 가슴이 울컥해 더 이상 말을 맺지 못했다. 이것이 참사랑이다. 조련사 박상미는 이별이라는 단어만 생각하면 눈물이 났지만, 제돌이를 언젠간 만날 수 있을 거란 생각에 웃으며 보낼 수 있었다. 돌고래의 IQ는 70~80 어린아이 수준이다.

수필

김용옥 중앙대영문학과 졸업, 한국현대인협 부이사장 역임, 한국신문예문학회 지도위원, 시집·수필집 다수.

가끔 아픈 것도 한 축복이다

웬일인가. 대상포진과 위장장애 불면증으로 보름간을 앓았다. 그간에 먹는 것과 육체적 활동을 참고 절제하며 한 생각에 깊이 젖었다. 시간과의 관계, 사물과의 관계, 급기야 인간과의 관계를 찬찬히 응시했다.

시간은 저절로 흘러가지만, 군데군데 꽃 매듭을 짓듯이 시간을 잘 쓴 편이라고 결론지었다. 사물과의 관계는, 지구에게 혹은 인간적인 생활에도 부끄럽거나 초라하지 않게, 최소의 관계로 최대의 혜택을 즐기며 지냈지 싶어 감사하다.

사람과는 진심으로 관계 짓고 살려고 애써왔다. 진정 진심의 대화를 하는 관계가 촘촘하고 끈질기게 이어진다. 멀리서 살아도 애정의 끈이 이어지고 있다. 그런가 하면 제도나 생활의 편익을 따라 잠깐씩 교류한 사람은 싸구려 물품의 사용기한같이 취급된다. 자기 잇속대로만 대하는 사람은 인생의 성근 씨줄 날줄 사이로 새어나간다. 황당한 건 자기 수준에 맞춰 놀이상대가 되기를 요청하면서 마치 상위인간인 양 행세하는 꼴이다. 성근 것보다 못한 관계가 있으니, 허공에 떠도는 정보나 값싼 교훈을 제 깜냥대로 훈계 교육하듯이 보내는 우쭐한 사람이다. 십중팔구, 눈에서도 마음에서도 인연을 귀히 여길 줄 모르는 사람이기 마련이다.

끙끙 아프면서, 이놈의 스마트폰 때문에 더 심기가 불편하다. 그와 나 사이에 혹은 우리 사이에 필요하거나 향기 나는 내용도 아니면서, 나를 생각하고 축원하고 염려하는 애정의 말 한마디 아니면서, 어쩌자고 세상 바닥에 떠도는 것들을 주워서 한순간에 던지는가. 그따위는 정보공해지 않은가. 제가 이제야 주워들었다고 해서 상대방이 전혀 모르고 있다고 생각하는가. 정보공해에 공해정보의 남발이다. 온통 스모그를 덮어씌워 오히려 정신과 시야를 흐리게 한다.

친구에게 '자기의 말을 하지 않는 말'은 거추장스럽다. 친구는 친구 자신의 말을 하고 들어야 친구 사이다. 제 말이 아닌 말은 신문, TV 보다 못하다. 언론은 돌아가는 세상사의 축소판이니 자기가 살아가는 사회의 정보가 된다. 그도 아닌 정보 소위 남이 코를 풀어 던진 쓰레기를 아무 생각도 없이 주워다 어찌 친구에게 보내는가. 끙끙 앓고 있는데, 떠돌아다니는 온갖 음식 정보에 질병과 약 정보를 보내니 짜증 중에도 왕짜증이 난다. 할 일 없고 생각 없는 자기의 '시간 죽이기'를 하는 것 아닌가. "떠도는 정보를 모르고 살아서 내가 아프냐?" 한숨짓는다. "추어탕 한 그릇 팥죽 한 그릇이라도 챙겨다 줄 줄 모르고도 친구냐?" 아쉬울 때마다 불러대던 그 입술과 마음 보자기가 거렁뱅이처럼 여겨진다.

평소에 책 한 권이라도 읽고 사색할 줄 알며, 진정 인간관계란 진솔해야 한다는 걸 깨달은 사람이라면 그따위 폰에 떠도는 정보로 어리석음을 저지르진 않을 터이다. 사람이 무엇을 알았든지, 식자우환識字憂患이 되어선 아니 될 것이다.

나는, 무엇인가, 부족하게 살기 때문에 아팠다. 잠이 부족하고 운동량이 부족하고 지나치게 눈을 글자에 꽂아 눈과 머리의 휴식이 부족해서 아프단다. 그러나 아픔 덕분에 갖가지 생활의 도구와 방편에 복되고 감사함을 느낀다. 무엇보다도 친구와 우정이 무엇인가를 진실로 깨닫는다. 자기 필요에 의해서가 아니라 친구가 궁금해서 안부의 전화 한마디 하는 일, 아픔에 된장국이나 죽 한 그릇을 먹이고픈 게 우정이다. 멀쩡해서 혼자서도 잘 논다면 친구가 굳이 무슨 필요랴. 진정한 친구는 난관일 때 필요한 법이다. 아니 난관일 때 친구를 알아볼 수 있다.

겉볼안을 할 수 있을 만큼 세상을 살아봤다. 이제부턴 얼굴을 자세히 보고 사람을 느껴야겠다. 인연을 함부로 끊지는 못하나 인연의 두

께나 길이는 가늠해 보려는 것이다. 얼굴은 그 사람의 얼의 표현이다. 그 사람의 업의 저장고다. 그 사람의 인격이 보이는 꼴이다.

자애와 화평이 어린 얼굴을 만나면 편안하다. 이기심과 욕망이 덕지덕지한 얼굴은 고와 보이질 않는다. 미용성형하고 화장하고 거드름을 피워도, 가슴도 머리도 마음도 삭정이 같은 표정일 뿐이다. 그게 보인다.

이젠, 내 의지대로 살려고 한다. 그저 만나서 음식점에 가거나 시간을 낭비하기 위해 패거리가 되기 싫다. 진실로 사람과 만나 인생에 꽃그림 같은 추억을 짓고 싶다. 저 가을의 감나무와 대추나무가 열매를 살찌고 여물게 하려고 무성한 잎을 사그러뜨리는 것처럼 말이다. 이제는 인생의 열매를 알알이 지켜야 할 때가 아닌가.

내 의지와 내가 짓고 있는 업을 의식하고 살 수 있어야 자기의 삶이다. 흔히 이론으로 똑똑한 사람이 이론대로 명철 확연하게 문학을 쓰는 걸 거의 못 봤다. 문학 행위를 올바르게 하는 일도 드물었다. 나이 든 만큼, 골라서 적게 읽고 적게 말하고 적게 행동해야 실수가 적어진다. 적게 먹고 적게 만나고, 적게 활동해야 한다. 대신 많이 소요 산책하고 많이 기도하고 더 많이 의지를 세워 살아야 한다.

하나를 배워도 깊고 간절하게 배우고, 한 편을 쓸 때마다 깊고 간절하게 써야 한다. 내 수필이나 시는 결단코 잘난 체라거나 똑똑한 체가 못 된다. 단지 공부하여 내면에 피처럼 돌고 도는 것들을 현명하게, 인문철학적으로, 지혜롭게, 무엇보다도 진솔하게 쓰고자 애쓴다. 그러나 그렇게 쓰기가 참 어렵다. 생각은 온종일 길어도 글줄은 지독히 짧다.

참 잘 아팠다. 아픈 만큼 철들어간다.

김희재 『계간수필』 운영위원, 『수필미학』 편집위원, 산문집 『죽변기행』 외 여행에세이 등.

고양이가 사는 집

　미국 영토의 최남단, 쿠바가 빤히 보이는 플로리다주 키웨스트에 '헤밍웨이 기념관'이 있다. 이 기념관은 헤밍웨이가 살았던 주택이다. 헤밍웨이는 말년에 줄곧 이곳에 머물며 「노인과 바다」 등 걸출한 작품을 집필했다. 그가 살던 집은 1968년에 '미국 국립 역사 기념물'로 지정되었고, 당시 상태 그대로 보존했다. 기념관에는 그가 쓰던 타자기와 동물박제, 9000여 권의 책 등이 있다.
　헤밍웨이는 매일 아침 6시면 본채 베란다에서 바로 구름다리를 건너서 집필실이 있는 별채로 가곤 했다. 머리가 맑은 오전에 집중적으로 글을 쓰고, 한낮이나 밤에는 낚시와 사냥 등을 하며 지냈다.
　헤밍웨이 기념관이 된 이 집은 헤밍웨이의 두 번째 부인이자 보그지 편집자였던 폴린 파이퍼(Pauline Pfeiffer)가 재력가인 자기 삼촌의 지원을 받아 산 것이다. 폴린은 헤밍웨이가 스페인에 가 있는 동안에 8천 불을 주고 산 집 마당에다 2만 불 넘게 들여서 수영장을 지었다. 산호와 석회암이 많은 키웨스트 지형 때문에 공사가 힘들고 경비도 많이 들어갔다. 나중에 이 사실을 안 헤밍웨이는 화를 내며 1센트짜리 동전을 꺼내 폴린 쪽으로 던지며 "내 마지막 1센트까지 다 가져가"라고 소리쳤다. 폴린은 이 일화를 방문객들에게 들려주면 재미있겠다고 생각하여 1센트짜리 동전을 보존하기로 했다. 그 동전은 지금도 기념관에 보관되어 있다.
　수영장 가장자리를 자세히 보면 여러 개의 작은 구멍이 옴폭 파여 있는 걸 볼 수 있다. 이 구멍은 수영하다가도 생각이 떠오르면 메모할 수 있게 펜을 꽂아 두는 용도였다. 구멍 옆에는 잉크병 자리도 있다. 이는 언제 어디서든 글을 쓸 수 있게 준비하며 살았던 헤밍웨이의 작

수필

가 정신을 잘 보여주는 흔적이었다.

"작가가 관찰을 멈추면 끝장난 것입니다. 하지만 의식적으로 관찰할 필요도 없고, 그게 어떤 쓸모가 있을지 생각할 필요도 없습니다."

수영장에 있는 펜 꽂는 구멍을 보니, 헤밍웨이가 남긴 이 말이 떠올랐다. 예나 지금이나 작가에게 가장 필요하고 중요한 덕목은 예리한 시선과 관찰한 것을 잊어버리기 전에 기록해 놓는 습관인 모양이다.

전시실이 된 거실 한쪽에 PILAR KEY WEST라는 제목으로 조성한 전시공간이 있다. 바다 위에 있는 배와 금방 낚은 커다란 물고기 사진 등이 전시되어 있다. 필라는 헤밍웨이가 소유했던 배 이름이다. 벽에 전시된 사진들을 보면 헤밍웨이가 낚시를 얼마나 좋아했는지 알 수 있다. 그는 특히 키웨스트와 쿠바 인근 바다에서 사는 청새치와 타폰 같은 큰물고기 낚시를 좋아했다. 전시실에는 「노인과 바다」에서 노인이 잡은 커다란 황새치 사진과 글을 쓰도록 영감을 준 주인공이자 헤밍웨이의 오랜 친구였던 쿠바 사람 그레고리오 푸엔테스(Gregorio Fuentes)의 사진이 함께 걸려 있다. 「노인과 바다」는 헤밍웨이에게 퓰리처상과 노벨문학상(1954년)을 안겨준 작품이었다.

헤밍웨이는 평생 네 번 결혼하고 세 번 이혼했다. 여성 편력이 심한 편이었던 그는 격렬하고 폭력적이며 진취적인, 마초 같은 남자였다. 그런 성향 때문이었는지, 나이가 들어가며 늙어 약해지는 자신의 모습을 보는 것을 극도로 싫어했다. 1차대전 당시에 입은 큰 부상에도 불구하고 그는 남자의 힘을 과시할 수 있는 대형 물고기 낚시나 사냥 같은 격렬한 운동을 좋아했다. 말년에 들어서도 여전히 경비행기를 타다가 세 차례나 사고를 당해 크게 다쳤다. 그 후유증으로 침대에 누워 지내며 글도 제대로 쓸 수 없게 되었고, 급기야 정신착란까지 일으키게 되었다. 여러 차례 자살을 시도한 그는 마침내 엽총을 입에다 쏴서 생을 마감하고 말았다.

혹자는 헤밍웨이가 예전처럼 글이 잘 써지지 않고 지지부진한 것을 고민하던 끝에 자살했다고도 말한다. 실제로 죽기 전 몇 달 동안에,

그는 글을 쓰다가 맘에 들지 않는다고 쓰던 걸 계속 찢고 던졌다. 어떤 날엔 술을 마시며 괴로워하다 자살을 시도했지만, 실패하게 되자 이렇게 절규했다.

"이젠 써지지 않는다! 써지질 않아!"

헤밍웨이는 좋은 글을 써야 한다는 작가로서의 욕망이 지나치게 강했던 모양이다. 많은 독자에게 갈채를 받는 작품을 계속 쓰고 싶은 욕심은 강박관념이 되었고, 마침내 그를 죽음으로 내몰았는지도 모르겠다. 치열하게 자기 자신을 담금질한 덕분에 세계적으로 유명한 작품은 남겼지만, 그 모든 성공이 인간으로서의 행복한 삶으로 이어지지는 못했다.

평범한 일상에서 특별한 이야기를 만들어 깊은 감동을 주는 작가로 살면서도 자잘한 일상의 행복까지 다 누릴 수는 없는 것일까? '작가의 예민한 감성을 지닌 건강한 생활인으로 살고 싶다'는 말은 '따뜻한 아이스 아메리카노'라는 말과 같은 표현일지도 모르겠다.

헤밍웨이가 살았던 그 집에는 지금 사람 대신 고양이들이 살고 있다. 그가 애지중지했다는 고양이의 후손들이 기념관 안팎을 다 점유하고 있다. 관람객이 가까이 다가가도 도망가기는커녕 도도한 자세로 편안한 일상을 다 누리며 주인 행세를 하고 있다. 정원에는 아파트 형태와 단독주택 모양의 고양이 집이 여러 채 마련되어 있고, 고양이 공동묘지도 있다. 여기에서 살다 간 고양이들의 이름과 태어나고 죽은 날짜를 기록해서 가지런히 붙여 놓은 묘비들을 보면 여러 가지 생각이 든다.

고양이는 이미 기념관을 상징하는 중요한 존재가 되어 버렸다. 기념품점에서도 헤밍웨이 문학에 관련된 제품보다 고양이 기념품을 사는 사람이 더 많다. 세상 돌아가는 추세로 보면, 앞으로 이 집은 노벨문학상을 받은 작가의 기념관이라기보다 팔자 좋은 고양이들이 사는 곳으로 더 유명하게 될 것만 같다. 괜히 씁쓸하다.

수필

박용유 장산스님, 수필가, 동국대학교 불교대학 선학과 졸업, 저서 『조주어록 석의』 상하권, 산문집 외 화엄경 100일 법문.

족행신足行神과 구름신

여기저기 떠돌아다니는 사람을 절에서 하는 말이 족행신이 도졌다고 말한다. 흰 구름처럼 떠도는 것이 중이니 그런 스님을 구름신이라고도 한다. 그러고 보니 나도 세상 많이도 떠돌아다녔다. 오래전에 헤어진 구름 같은 친구를 만나러 부산에서 영덕으로 가는 버스에 몸을 실었다.

친구의 전화가 걸려 왔다.

"천근이라는 사람이 은양膠陽에서 노닐다가 요수의 강가에서 우연히 진인을 만났다고 하는데, 멀고 먼 영덕 바닷가에 누구를 만나려고 오는 거야?"

하면서 너털웃음을 웃는다. 전화기 너머에서 들리는 친구의 목소리를 들어보니 유쾌하다. 나도 세상을 살 만큼 살다 보니 목소리만 들어도 어떤 기분인지는 대충 짐작할 수 있었다.

오랜만에 버스 차창 밖 산천을 바라보는 재미가 쏠쏠하다. 만나러 가는 그 친구는 오래된 벗이다. 못 본 지가 벌써 40년도 넘는다. 우리는 10대 소년 시절에 절에 들어와 부처님 도량에서 잠시 같이 살았다. 태어난 곳은 비록 다르더라도 해인사라는 한 도량에서 자란 것이다. 그런데 40여 년 전 우리를 갈라놓은 일이 있었다. 그가 한참 동안 왕성한 포교 활동을 하고 있는 줄 알았는데 어느 날 갑자기 사라진 것이다. 인연의 끈이 끊어지지 않아서인지 세상이 좋아서인지 어떻게 연락이 닿게 되었다. 그는 지금 어느 바닷가에서 살고 있다고 했다.

영덕 버스터미널에 마중 나온 오랜 친구를 보니 옛 친구는 온데간데없고 늙은 노처사가 내 앞에 나타난 것이다. 세월의 두께에도 우리 두 사람은 바로 알아보고 한참을 서로 쳐다보기만 했다. 코끝이 시큰하는데 그가 먼저 말을 했다.
"세월 참 많이도 갔다."
그렇다. 결코 짧은 시간이 아니다. 얼굴을 스치고 지나간 세월의 바람을 우리는 고스란히 드러내고 있었으니.
우리는 영덕 바닷가로 나갔다. 바닷바람이 시원한 게 막힌 가슴이 뚫리는 것 같았다. 친구가 사는 집은 한적한 어촌 마을이 내려다보이는 곳의 자그마한 기와집이었다. 우리 두 사람은 어찌나 반가운지 잡은 손을 놓을 줄 모르고 한참 동안 서로를 쳐다보다가 걷곤 했다. 무엇이 달라졌을까? 새파랗던 그 시절은 다 어디로 가고 마치 말라가는 옥수숫대 같아 보였다. 그가 차를 내왔다. 한참을 머뭇거리다 내가 물었다.
"어떻게 된 거야?"
"그냥 그렇게 됐어. 오시느라고 수고했어."
친구가 따뜻한 찻물을 우려내어 따라준다. 그는 연신 홀짝이며 말없이 차만 마시고 있다. 아직 살아온 이야기를 나누진 않았지만 우린 눈으로 많은 것을 읽으며 이야기를 하고 있었다.
그의 옛 법명은 현등舷燈이다. 대양을 항해하며 자신이 등불이 되어 길 잃은 배들의 등대 역할을 할거라며 자호한 이름이었다. 지금도 그대로 현등이란 이름을 쓰고 있었다.
현등舷燈이 말문을 열었다.
"족행신足行神이 나를 이렇게 떠돌게 하는 것 같아. 나는 절에 있을 때도 팔도강산 여기저기 떠돌며 살았는데 말야. 나와서도 전국 아니 전 세계를 떠돌아다녔지. 사실 그리운 옛벗들, 스님들이 무척이나 보고 싶은데 나는 떠돌이 아냐? 어느 날 나를 보니 떠돌이 인생이 되어 있더라구. 어느 곳에도 정착 못 하는 떠돌이 인생이 바로 나라는 것을 알게 되니까 더 떠돌게 되는 것 같았어. 그렇게 떠돌다가 한 여인을 만났는데 그도 떠도는 것을 어찌나 좋아하는지 우리는 한곳에서 제대로 된 살림 같은 것을 하고 살아 보지도 못했어."

그는 고백 같은 말을 줄줄이 이었다.
"그럼 보살은?"
"아! 아 그것이……."
한참을 뜸을 들이며 대답을 못 한다.
"갔어!"
"어딜 가?"
"피안으로 갔어. 나보고 천천히 놀다가 오라면서 먼저 떠났어 허허."
하면서 그는 쓸데없는 소리 했다는 듯 손을 내저으며 허탈 웃음을 지었다. 그리고 이렇게 말했다.
"뭐~ 인생이 허무하기만 한 것은 아닌 것 같아. 정말 다 소중하고 소중한 것들이지. 동해 바닷가에 산 지도 벌써 10년이 다 되어가네. 처음에는 지리산에 살다가, 서해 바닷가에 움막 짓고 살다가 여기로 온 거야. 별거 있나 뭐?"
하면서 살아온 인생을 늘어놓더니 어디 내 인생을 말해 보라는 식으로 나를 쳐다보는 것이었다.
"맞아, 인생 별거 있나? 내 형제 스님도 저 멀리 타국 하와이에 큰 절을 짓고 있었는데~ 마지막엔 쓸쓸히 갔어. 전화가 왔는데 영결식도 못했다는 거야. 입적한 지 49일이 다 되어 가는데도 누구 하나 어떻게 할지 모르고 뒷정리가 안 되어서 영결식을 못 했다고 하며 형제 스님들이 와서 어찌 좀 해달라 하는데……, 우리 몇몇 형제 스님들이 부랴부랴 비행기에 몸을 싣고 밤새도록 날아가서 영결식을 하고 왔어."
나도 타계한 스님이야기를 하며 은근히 그의 인생론에 동승하고 있었다. 우리는 앞뒤도 없는 이야기로 몇 시간이 지났는지 밖은 어둑어둑해져 오고 있었다.
현등이 또 말을 이었다.
"나는 한곳에 가만히 못 살겠더라고. 여기저기 떠돌다가 한 여자를 만나 여기까지 떠돌아온 거지. 그런데 어느 날 생각해 보니 인생 자체가 떠돌이라는 것을 깨달았어. 안 그래? 선사님은 아시겠지?"

하며 나를 빤히 쳐다본다.

"스님(현등)은 오래전부터 깨달음을 얻어 천하의 이치를 알고 싶다고 했잖아?"

나는 이미 40여 년 전에 머리를 세속해 사는 친구를 어떻게 불러야 할지 몰라 스님이라고 말한 것이다. 친구는 내가 스님이라고 한 말을 수정한다.

"나, 스님 아니잖아. 난 이제 거사지 뭐! 거사라고 불러요. 그게 나도 편해."

하면서 우리 두 사람은 세상 살아온 이야기를 계속하였다. 친구는 세상살이를 한마디로 정리했다.

"다 꿈이라는 것이 사실이야. 헛일이지. 무엇이 있어?"

나를 쳐다보지도 않고 혼잣말로 구시렁대듯 중얼거린다.

우리는 그래도 좋았다. 오랜만에 만나 죽기 전에 얼굴을 보게 되니 너무 좋았다. 친구도 나와 같은 마음인지 허허 웃으면서 연신 내 앞 찻잔에 찻물을 기울인다.

수필

박진우 시인·수필가, 아태문협회원, 제10회 에스프리문학상, 서미예협회 고문, 사)서울시립큐코뮤지컬.

하늘 냄새

어느 곳에서나 침묵은 나와 나누는 대화이자 소통입니다.
이 대화는 어느 절친과 나누는 대화보다 훨씬 진솔하고 따뜻하기도 합니다. 또한 일 대 일로 대면하는 세상 속에 뛰어든 진정한 나를 발견하곤 하지요.
말은 사회적 약속이라 합니다. 흔히 외로움과 고독의 차이는 없는 것처럼 보이나 그 의미는 전혀 다르지 않다 하더라도 외로움은 사방 가로 놓인 벽의 족쇄에서 벗어나지 못하고 고독은 침묵을 나누는 소통인 것입니다.
그 길은 외로움을 고독으로 승화시키는 것으로 나와 고독과 맞대면하는 침묵의 바다에서 고독은 신의 얼굴이요 신의 음성입니다. 그 침묵의 바다에서 나는 어릴 적 나의 순수한 고독의 신세계를 이야기해 볼까합니다.
다섯 살이 되는 해 나는 공주에서 서울로 올라와 어머니하고 마포 이대 입구에 이주해 자리 잡았습니다.
때는 전쟁 직후라 세상은 시끄럽고 어려운 나날이었습니다. 어머니는 포목장사 나가고 난 집에 언제나 혼자입니다. 과자 사 먹으라고 준 돈으로 난 콩나물을 샀고 다음 날은 두부를 사서 찬장에 넣기가 일수입니다. 왜냐하면 어머니는 어둔 밤에 오시기에 그리 했던 것입니다. 그리고 혼자 쪽마루에서 잠들다 마당으로 떨어진 줄도 모르고 마당에서 낮잠을 자는 날이 허다하였습니다.
내가 초등학교 다닐 때는 어머니의 포목장사가 지방까지 단골이 잡혀 몇 일간 집에 못 오실 때면 나는 이태원의 작은 이모네 여섯 식구가 좁은 방에서 매일같이 먹는 콩나물죽을 먹으러 갑니다.

당시 시내버스는 없었는지 승차했던 기억은 전혀 없고 종로에서 마포까지 전차가 운행했던 걸로 기억합니다.
나는 철로 지름길로 신촌에서 이태원을 매일같이 걸어 다녔습니다.
철로 길을 갈 때 기차만이 다니는 다리를 사람들은 철로 하나를 택해 두 다리로 걸어 곡예 하듯 목숨을 걸고 건너갑니다. 만약 다리서 떨어져 죽는다 해도 아무도 모르는 시대였습니다.
건너기 전 흔히 철로에 귀를 대고 기차가 오는지 소리를 확인해 보고 건너갑니다. 그날도 귀를 철로에 대 보았지만 구분하기가 힘들어 한참을 망설이다 그냥 외줄 타듯 조심조심 걸어갑니다.
그런데 이게 웬걸 3분의 2 정도 갔는데 저 멀리서 뻑~하는 기적소리에 놀라 "뛰어내릴까 아냐 천 길 낭떠러지인데 그리고 난 헤엄도 못 쳐, 그럼 뛰는 거야 걸음아 날 살려라"
100미터 달리듯 뛰어 땅에 도달한 순간 굴려 엎어지는 찰라 태풍 같은 기차는 회~헥 지나갔습니다.
기적이었습니다.
그러나 나는 기적이 아니었습니다. 내가 사는 삶의 방식이었지 그것이 기적이라거나 외롭다거나 슬퍼 울거나 그런 것이 내 안에 배제되어 있지 않았기에 삶은 외로움을 고독으로 승화시킬 필요조차도 없었습니다.
어릴 적 원초적 고독의 침묵이 담고 있던 이 한 사건을 이제는 알리고 싶습니다. 그건 기적이라고!
난 오늘 비로소 내 어릴 적 영혼이 하늘처럼 맑아 보임을 알았습니다.
"사람이 하늘처럼 맑아 보일 때가 있다. 그때 나는 그 사람에게서 하늘 냄새를 맡는다."
법정 스님은 〈하늘 냄새〉라는 시에서 영혼의 향기를 이렇게 노래합니다. 외로움을 고독으로 승화시킨 침묵의 삶은 하늘처럼 맑아 어린 영혼의 향기는 기적을 낳았음을 먼 훗날 오늘에 와서야 알았습니다.
고독은 낭만 나부랭이로 보일 수도 있습니다. 외로움은 홀로 혼자이

수필

기에 위로와 사랑이 필요하지만 고독은 침묵과 더불어 소통하므로 더 이상 위로와 사랑을 필요로 하지 않습니다.

외로움은 타인의 고통을 품지 못하지만 고독은 타인의 고통을 품습니다. 외로움이 영글 때는 육신이 처절하게 흐느끼지만 고독이 영글면 영혼이 벅차 흐느낍니다.

그러므로 나는 지금도 고독 예찬론자입니다.

배병군 한국가곡작사가협회 이사, 세계시문학회 사무차장, 아태문인협회 지도위원, 한국신문예문학회 윤리위원.

어머니의 소원

　대부분의 사람들은 소원 몇 가지씩을 가지고 살 것입니다. 어린이들은 좋은 장난감을 갖고 싶기도 하고 엄마 아빠와 함께 실컷 놀고 싶기도 할 것입니다. 초중고 학생들은 공부를 잘하고 싶고 좋은 학교에 진학하고 싶기도 할 것입니다. 대학생들이나 조기 취업에 관심이 있는 고교생들은 좋은 직장을 갖고 싶기도 하고 좋은 배우자를 만나고 싶기도 할 것입니다. 결혼한 사람들은 빨리 내 집을 마련하고 싶고 자녀를 낳고 싶기도 할 것입니다. 그렇다면 연세가 많은 어르신들은 어떤 소원을 가지고 계실까요?
　제가 많은 어르신들과 대화를 해보지는 못했지만, 90대인 저의 어머니를 비롯한 몇몇 분들의 이야기를 들으니 그분들의 소원은 '빨리 죽는 것'이라고 하더군요. 저의 어머니는 빨리 죽고 싶다는 말을 자주 하십니다. 저에게도 그렇지만, 누군가와 전화통화를 하거나 집에 손님이 오시면 빨리 죽고 싶다고 늘 말씀하십니다. 그러면 연세가 좀 덜 드신 70대에서 80대 중반인 분들께서는 "아주메(아주머니), 왜 그렇게 빨리 죽으려고 그류(그래요)? 자식들하고 재미있게 더 오래 살다가 죽어야쥬."라고 대답합니다. 그러나 연세가 많으신 분들은 "할매만 빨리 죽고 싶은 줄 아남? 나도 빨리 죽고 싶어. 그런데 죽는 게 그게 맘대로 되남(되나)?"라고 답변을 하십니다.
　올해 어느 날 동네 할머니 한 분이 놀러 오셨습니다. 어머니께서는 그분을 반갑게 맞이하셨고 그분도 반가운 표정으로 들어오셔서 서로 손을 잡고 이야기하셨습니다.
　"강릉 할매, 요새 왜 그렇게 뜸했나? 자주 오다 안 오니 궁금하더구먼."
　"나 감기 걸렸었어. 요즘 감기는 옛날 같지 않고 한 번 걸리면 오래 가."

수필

"허리와 팔이 아파 매일 병원 다닌다더니 감기까지 걸려 고생했구먼."
"어쩔 수 없지, 뭐. 나이 먹으면 아픈 걸 각오해야지. 병원 달고 산 지가 벌써 여러 해 됐어."
"나이 먹으면 빨리 죽어야 할 텐데 나 왜 아직 안 죽나 모르것네. 맘 같아서는 빨리 죽었으면 좋겠는디. 괜히 자식들 고생만 시키고. 할 줄 아는 것도 없고, 뭐 어디에다 뒀는지 찾지도 못하고……. 아유, 이렇게 살아서 뭐 한댜? 산송장이나 다름없지."
"그게 어디 맘대로 되남? 나도 자식들 생각하면 빨리 죽어야 할 텐데 나는 할아배가 살아서 빨리 죽지도 못해. 나 죽으면 할아배 밥은 누가 해 주고 빨래는 누가 해줘? 괜히 자식들만 고생시키지."

연세 드신 어르신들께서 죽고 싶다고 하는 이유는 세 가지 정도인 것 같습니다. 첫째, 자식들 고생 안 시키고 싶어서입니다. 둘째, 아무 것도 잘할 수 있는 것이 없다는 존재감의 상실 때문입니다. 마지막으로, 몸이 아프기 때문입니다. 이 세 가지 이유 중에서 가장 큰 이유는 자식들 고생을 안 시키고 싶어서인 것 같습니다. 평생을 자식들을 위해 헌신하셨으니 이제 자식들에게 당연히 봉양을 받아도 되는데 그게 뭐가 그리 미안한 일이라고 자식들의 신세를 안 지시려고 하는 건지 참으로 이해하기 힘듭니다. 그러나 그게 바로 부모의 마음인 것 같아 안타까우면서도 그 숭고한 사랑에 머리가 저절로 숙어집니다.

저는 어르신들께서 자식을 낳고 키운 것만 해도, 그리고 늙으셨다는 그 자체만으로도 가정과 사회와 국가에서 존중과 존경과 대우를 받아야 한다고 생각합니다. 특히 80대, 90대, 100대 어르신들은 일제강점기, 6·25 한국전쟁, 보릿고개를 겪으며 온갖 고생을 다 하셨습니다. 여기에 각자의 개인적 사정으로 인한 고생도 있습니다. 저의 어머니께서는 9세 때 어머님이 돌아가셔서 집에서 살림하느라 초등학교도 못 다니셨습니다. 18세 때 가난한 집 9남매 맏며느리로 시집을 가서 시부모님과 시동생들을 섬기고, 자식 다섯을 키우셨습니다. 그러니 한 번도 불평을 안 해서 그렇지 그 삶이 얼마나 힘들었을까요? 그런 고난과 역경 속에서도 저의 어머니와 어르신들은 우리가 지금과 같은 물질적 풍요를 누리도록 가정과 사회와 국가를 굳건히 세우셨습니다. 그러니 이분들을 잘 모시고 공경하는 풍토를 세웠으면 좋겠습니다. 그래야 저의 어머니를 비롯하여 어르신들의 소원이 빨리 죽는 것이 아니라, 노년을 당당하고 행복하게 사는 것이라고 말할 수 있을 테니까요.

저의 어머니께서는 췌장암 말기로 비장과 대장에 암이 전이되어 작년 1월 초에 9시간 동안 췌장 절단 수술, 비장 전체 제거 수술, 대장 절단 수술, 위 탈장 수술을 받으셨습니다. 담당 의사의 소견으로는 6개월 정도 살 수 있고 길면 1년 정도 살 수 있다고 했습니다. 그러나 기적적으로 항암치료를 안 하고, 진통제 복용도 안 하며, 1년 반을 잘 견디셨습니다. 자식들이 옆에서 챙겨주기만 하면 소량이지만 음식을 맛있게 드시고, 기저귀 착용이나 관을 삽입하지 않고도 대소변도 잘 보시고, 잠도 잘 주무십니다. 그런데 빨리 죽고 싶다는 소원이 너무 강해서 그런지 얼마 전 정기 검사에서 췌장암이 재발되고 방광과 간에도 전이된 것으로 판독 결과가 나왔습니다. 참으로 안타깝습니다.

제 여동생은 "엄마, 100살까지는 살아야 해! 그게 내 소원이야!"라고 늘 말합니다. 동생은 어머니께서 오래 사시도록 최선을 다했습니다. 어머니께서 지금까지 오래 사신 것은 제 동생의 정성 어린 보살핌 때문이라는 것을 가족들은 모두 인정할 것입니다. 하지만 저는 그런 착하고 효성스러운 동생의 소원을 들어줄 수가 없습니다. 제게는 기도하는 것 외에 췌장암을 치료할 수 있는 특별한 방법이 없기 때문입니다. 그렇다고 빨리 죽는 것이 소원이라는 어머니의 소원이 이루게 해달라고 바랄 수도 없습니다. 이제 한 번 떠나면 다시는 이 땅에서는 볼 수 없기 때문입니다. 그리고 어머니의 연세가 아직은 돌아가시기에 좀 이르다는 생각이 들어서입니다. 그러니 동생의 소원과 어머니의 소원이 반반씩 이루어졌으면 좋겠습니다.

수필

안윤자 시인·수필가, 사사편찬위원장, 대표에세이문학회 회장 역임, 수필집 『사대문 밖 마을』 외.

반월

달빛 고고히 어리는 반월도. 섬 모양이 반달 형상을 닮았다고 하여 붙여진 전남 신안군의 외진 바닷가. 거기 보랏빛 파도가 일렁이는 반월도에는 한 늙으신 노모가 살고 있었다. 이 땅 누군가의 어머니로 불리었을 할머니. 이제 와 과거형을 쓰는 까닭은 그 섬에 아직도 그 어머니가 살고 계시는지를 알 수가 없기 때문이다.

리모콘을 돌리다가 우연히 시선이 고정된 TV 속 정경이었다. 꽤 오래전에 무심코 빨려 들어갔던 영상인지라 이야기 줄거리가 세세히 잡히지는 않는다. 다만 섬 전체가 보라보라한 환영처럼 아련했었다는 것. 그 퍼플섬의 풍광이 이국적 감성을 풍기고 있었다는 점이다.

어머 저기가 우리나라야? 호기심에 빨려들 만큼 장면들이 정답고 신선했다. 아다지오의 낮고 느릿한 템포로 투사된 섬의 전경이 퍽 다정히 느껴져서 내 마음속의 풍금 소리 같은 울림을 주었다.

전형적인 사빈해안으로 널따란 간척지가 조성된 온화한 기후의 반월도. 그곳에는 아흔일곱 살 잡수신 한 노인이 살고 있었다. 그 할머니에게는 팔 남매나 되는 자식들이 있었고. 그렇건만 어촌의 말끔한 양철 지붕 밑에는 오직 늙은 어머니만이 홀로 살고 계셨다.

처녀처럼 수줍게 보라색 니트를 차려입은 단아한 모습의 할머니. 나의 시선이 머문 이 한 장의 컷은 온몸이 주름투성이로 쪼글쪼글해진 늙은 어머니가 반야심경을 열심히 외는 장면이었다. 여기저기에 흩어져 살아갈 당신 품 밖의 자식들을 생각하며 밤낮없이 염주 알을 닳고 닳도록 굴리고 있는 모정.

육신은 오그라들어 등이 굽었고, 주름진 노모의 얼굴과 손등은 절로 영고성쇠를 떠올리게 하여주었다. 그런 어머니가 어디선가 이제는 갇이 늙어가고 있을 당신 자식들의 이름을 하나하나 불러가며 빌고 또 빌고 있는 반야심경의 비원.
그 간절한 염력은 깜깜한 밤하늘에서 지상으로 빛을 뿌리는 반달의 행로만큼이나 숙연하게 느껴졌다. 구슬프게까지 보이는 모성이 지상에서 마지막으로 완성해 가는 한 장의 이콘처럼 성스러움마저 느끼도록 했다.
보랏빛 환상에 젖어 떠 있는 반월도. 옹기종기 붙어 있는 마을의 지붕도 보라색, 섬 주민들이 하나같이 입고 다니는 점퍼도 양말도 우산도 심지어는 찻집의 테이블과 의자까지도 앵글에 비친 시야의 모든 게 보랏빛 일색이었다.
반월도로 건너가는 바다 위 퍼플교도, 그 다리를 지나자마자 첫 번째로 만나는 매표소도 보라색 페인트가 칠해져 있다. 좁다란 섬 길을 온종일 돌고 돌 셔틀버스도 보라색이다.
장엄하게 연주된 서해 교향곡처럼 저녁노을이 퍼진 반월도의 해안이 붉게, 또 보랏빛 음영으로 물들어 갔다. 퍼플섬 반월도는 퍼플 푸드 콜라비로 덮여 있었다. 그 섬의 상징이 무지개의 끝 색깔 보라의 컨셉인 셈이다.
한여름 퍼플섬에 가면 여행자를 유혹하는 옅은 보라 향의 버들 마편초 바람이 솔솔 코끝을 어지럽힌다고 한다. 학창 시절에 착용했던 교복처럼 동색의 통일감이 주는 안정과 평화로움, 잘난 얼굴도, 모난 심보도 죄다 가려주는 투쟁심이 배제된 보라의 파동. 그것은 그지없이 평이한 단색을 신비스런 이미지로 환치한 반월섬의 요술이었다.
그날 밤 나는 밤이 새도록 전깃불을 켜놓고 잠이 들었다. 밤새 불을 밝히는 전례는 가슴 속에 감동이 물결치는 날이면 절로 행해지곤 하는 케케묵은 나만의 의식이며 가락이었다. 깨어나니 어슴새벽.
천지가 보랏빛 일색으로 너울댄 꿈속에서 나는 옛 고향 집에 가 있었고 수돗가에는 젊은 날의 어머니가 앉아계셨다. 얼굴은 희미하고 목소리도 들리지 않았지만 분명 엄마가 그 옛집에 오신 꿈을 꾸었다.

꿈속에서도 먹먹했던 아이는 보라색 운동화를 신고 있었고. 이부자리 홑청을 꿰매었던 대청마루에는 눈에 익은 반달이와 주황빛이 감돌았던 아버지의 책상이 거기 그 자리에 그대로 놓여있었다.
원형을 향해 둥글어져 가는 반달의 이미지는 채움의 미학이다. 더하여 비움의 철학이며 공空이 되는 여백이다. 무엇을 채우고 무엇을 비워야 하는가? 더 채울 수도, 더 비워낼 수도 있는 여백의 여운. 이것이 반월이 상징하는 신비가 아닌가. 저마다의 인생행로가 아닐까 한다.
반월도의 늙으신 그 어머니는 지금쯤은 섬에 아니 계실지도 모르겠다. 하여도 날마다 자식들을 위해서 바친 섬 집 어머니의 낭낭한 반야심경 독경 소리는 보랏빛 염력으로 흐르고 고여서 언제까지나 그 섬을 비춰주는 반월로 떠 있을 것이다.
자식이라는 이름표가 붙여진 이 세상의 모든 아이들을 가호하는 우주의 선한 에너지로 출렁댈 것이다. 이제쯤은 내 어깨의 짐도 내려놓아야 한다. 긴 세월 무의식 속의 자아를 지배해 왔던 집착이라는 허울을 걷어내고 싶다. 남아있는 생의 강물을 사뿐히 건너가기 위해서라도.
내 곁을 스쳐 지나가는 사람들에게 보일 듯 말 듯 엷은 보랏빛의 인사를 건네며 남은 여정을 지루해하지 않는 것. 반월의 행로처럼 맑은 여백을 비워두고서.

안종만 시인·수필가, 시니어웰빙포럼 회장, 서울시장표창장, 수필집 「잘 살고 잘 늙고 잘 죽기」 외.

4년 만의 애기봉과 강화도 여행

　김포 한강하구 조강과 만나며 북한 땅과 1.4km 거리 마주 보는 곳에 애기봉 평화생태공원이 새로이 조성되어 많은 국민들의 사랑을 받고 있다.
　강북구의 국민생활체육 등산연합회 소속 산악회 전임 회장들의 모임인 요산회樂山會 회원 12명이 김포 애기봉愛妓峰(해발 155m)과 교동도 여행길에 올랐다.
　2023년 11월 7일 아침 8시 출발하여 김포 애기봉을 오르는데 옛날과 많이 달라진 모습과 입장 절차에 당황했다. 그전에는 그냥 애기봉 전망대 주차 후 관람하면 되었는데 이제 평화생태공원이란 이름을 달고 휴일에는 예약제이며 해병대가 입장 수속을 밟고 입장료도 3천 원이나 받는다. 휴일에는 인터넷 예매가 필수이며 잔여 입장이 있을 때만 입장하지만 평일에는 예약 없이 입장할 수 있다.
　애기봉은 1978년에 설치했으나 노후화되어 철거하고 세계적인 건축가 승효상 씨가 설계한 평화전시관, 조강전망대, 생태탐방로를 조성하여 2021년 10월 8일 개장했다고 한다.
　임진강과 예성강 한강이 만나서 조강이 되고 조강물이 서해로 흐른다.
　애기봉 명물 평화생태공원 흔들다리 112m 폭 1.5m는 혼자 걸어도 흔들린다. 이어서 약 800m 데크 로드가 정상까지 꼬불꼬불 완만하면서 재미있게 이어진다. 정상에는 조강 전망대가 있고 망원경으로 본 황해북도 개풍군 선전마을인 북한 마을에는 사람들의 움직임도 관찰할 수 있으며 한강 다리 하나 건너 정도의 1.4km 지척에 북한 땅을 보면서 통일의 그날이 절실하다.
　애기봉 해발 155m 정상에는 박정희 대통령이 직접 쓴 필치의 愛妓峰

비석이 서 있고 실향민들이 제사를 모시는 망배단 상석도 놓여있다.

6.25 당시 탄피와 크리스마스트리 철탑을 녹여 만든 UN 조형물 아래 평화의 종이 달려있는데 종은 어디서 보나 평화의 상징이고 화합의 상징이다.

"우리는 조국의 창끝! 칼끝! 해병대가 있는 한 서부전선 이상 없다"란 프랑카드가 붉은 판에 노란 글씨로 달려있고 해병부대가 철통같은 방어 의지를 보여 여기가 초 전방임을 느꼈다.

내려와서 평화생태전시관에서 해설사의 해설을 들으니 먼저 듣고 올라갔으면 좋았을 것이란 생각이 들었다. 야간개장도 있다고 한다. 요즘 김포시의 서울 편입 분위기가 고조되고 있는 상황에서 둘러본 김포의 넓은 땅이 서울에 편입되면 좋겠다는 생각을 해보았다.

이어서 강화도로 건너와 KBS 등 여러 매체가 맛집으로 소개한 동검리 동검수산 갯벌장어 식당에서 팔뚝만 한 갯장어 구워 김문영 회장이 가져온 양주로 건배하고 오찬을 시작했다.

갯장어는 바다 붕장어과 인줄 알았는데 민물장어 새끼를 갯벌에서 양식한다는데 붕장어하고는 맛과 질감이 전혀 다르고 부드러우면서 맛이 좋다.

1kg에 90,000원 12명이 88만 원 계산서 받아든 총무가 혀를 내두른다.

다음 코스는 교동도 시장으로 예정되어 있으나 그곳보다 연산군 등 왕족들의 유배지로 이름난 화개산으로 가서 화개 정원도 돌아보고 모노레일도 타보기로 했다.

대기하는 탑승객이 많지만 30여 분 여유가 있어 연산군 유배지와 암석원까지 보고 내려오니 탑승 차례다. 편도 20분 올라 스카이워크에서 전망대 올라 주변 조망하니 강화도 일대와 서해안 북쪽까지 조망된다. 내려오면서 서쪽으로 넘어가는 해넘이는 오늘 여행의 하이라이트로 아름답다.

평일이라 이 정도이지 휴일에는 1시간 이상 기다려야 탑승할 수 있다. 탑승대기 시간까지 40분 소요되고 내려오는데 20분 총80 분이 걸리며 모노레일 8대에 정원 8명이고 탑승 간격은 5분이라고 한다. 스카이워크에서 1시간 이상 걸리고 총 3시간 내외가 소요된다.

  내려와서 버스에 오르니 5시 40분 김포의 대명항에 오니 6시 30분 어두우니 그의 모든 점포는 문 닫고 두 군데만 열려있다.

  집행부에서 칼치젓 한 통씩 선물준비 8시 30분 원점에 도착하니 눈도 입도 가슴도 즐거운 하루 마침표를 찍었다.

수필

이명지 93년《창작수필》등단, (사)한국문협평생교육원 수필창작과 교수, 조연현문학상 외, 수필집『육십, 뜨거워도 괜찮아』외.

들춤

연두색 긴 머리를 헤쳐 풀고 강바람을 그러안은 수양버들이 춤을 춘다. 한껏 교태를 품은 몸짓으로 치마를 살랑이다가, 잔물결 수제비를 뜨다가, 잠시 숨을 고르고는 물속 제 모습을 들여다보는가 싶더니, 박자를 멈춘 엇박자 사이로 다시 봄바람을 안고 핑그르르~ 들춤을 춘다. 봄이 오는 남한강 변, 강과 들의 경계에 선 수양버들이 춤을 추고 있다. 경계에 선 것들은 유연하다. 어느 것에도 속하지 않아 땅도 강도 다 거느린 듯 풍성하고 자유롭다.

나는 언제 저리 자유로워 보았나…. 부러움인지 탄식인지 모를 신음을 내뱉으며 눈을 떼지 못하고 섰다. 인간이 다른 이의 시선을 의식하지 않으면 어떤 모습을 할까? 완벽하게 시선이 차단된 곳에 혼자 있으면 자유로울까? 제 안에서 작동되는 자기 검열에서 완전히 자유로운 인간이 있을까?

소나기가 억수같이 퍼붓던 어느 여름밤, 장대비가 세상을 두드리는 소리에 잠이 깼다. 쏴아! 숲에 내리는 빗소리는 베이스, 소나무를 통과하는 알토, 단풍나무를 두드리는 소리는 바리톤의 현악기 같다. 간혹 나무에 걸린 풍경이 파이프오르간 소리로 화음하며 빗소리가 심포니 오케스트라로 연주하는데 어찌 잠을 잔단 말인가. 잠옷 차림 그대로 마당에 내려서니 맨발에 닿는 젖은 잔디 감촉이 낯설다. 삽시간에 얼굴로 흘러내리는 빗물은 마치 비련의 여주인공이 된 듯 비장한 기분마저 들게 한다. 깜깜한 어둠이 품어주는 밤의 자유로움, 장대비의 화살이 살갗에 콕콕 와 박히는 쾌감 속에서 나는 맨발의 이사도라 덩컨처럼 춤을 추었다. 나의 소행성에서 오직 나만이 주인공인 것처럼…. 방종은 원시의 상태로 살아있게 했고 생을 뜨겁게 했다. 몸에 감기는

최소한의 껍데기조차 마저 벗어던지지 못하는 허위의식은 빗물에 달라붙은 옷가지만큼이나 견고하고 질겼다.
 사십 대의 어느 날 그때도 그랬다. 태풍이 몰려오던 밤 집 앞 공원으로 달려나가 바람을 타고 휘청이며 들춤을 추었다. 나는 왜 나뭇잎 두드리는 빗소리가 장구 소리 같을까. 숲을 지나는 바람 소리가 가야금 같을까. 내 안에는 어떤 무희가 살고 있길래 그 소리에 펄럭이는가? 자꾸 들썩이는가? 나는 전생에 못다 피어본 기생이었을까? 내 안에는 늘 꿈틀거리는 무엇이 있다. 리듬이 심장을 두드리고 흥이 핏속을 타고 도는 것 같다. 하지만 쉬 꺼내지 못한다. 견고한 기준이 체면이라는 회초리를 들고 딱 버티고 서 있다. 그래서 밀란 쿤데라는 "모럴은 등 뒤에 풀어놓은 개떼 같다"고 했던가.
 어린 시절 나는 무대에서 춤추며 노래하는 꿈을 자주 꾸었다. 평소 노래를 자주 부르거나 집안에 누군가가 그런 역할을 하는 사람도 없었는데 자주 그런 꿈을 꾸었고, 심지어 박수를 엄청나게 받는 꿈이었다. 나의 무대 경험이라야 아버지 친구들 앞에서 동요 몇 곡 부르고 눈깔사탕을 상으로 받은 게 전부다. 그것도 한두 번뿐이었다. 그런데 지금도 장면이 생생한 그 꿈들은 무슨 의미였을까?
 초등학교 4학년 때쯤인가? 학교에서 어린이 합창단을 만든다고 음악실에서 노래 시험을 봤다. 수줍음이 많았던 내가 어디서 그런 용기가 났는지 번쩍 손을 들어 지원을 했고 드디어 무대에 섰다. TV에서 본 흉내를 내며 두 손을 앞에 모아 잡고 선생님의 풍금에 맞춰 노래를 시작했다.
 "아빠하고 나아하고 만든 꽃밭에 채송아도 봉숭아도~"
 "땡!"
 너무 긴장해 박자를 놓쳐 채 두 소절도 못 부르고 맞은 무참한 땡 소리가 내 얼굴에 화톳불을 부었다. 그날 이후 나의 노래는 성장을 멈춘 채 내 안에서 시들어갔다. 발아하지 못한 씨앗은 늘 가슴에서 자글자글 돌 구르는 소리를 냈다.

수필

 내게 들춤은 결핍의 소산일까. 박제된 꿈의 갈구일까. 세상의 규범에 저항하는 애벌레의 꿈틀거림일까? '한없이 자유롭고 싶어 한없이 외로웠다' 20여 년 전에 써놓은 나의 묘비명이 아직도 시퍼렇다. 무엇에서 이토록 자유롭고 싶은지 아직도 잘 모르겠다. 나는 외롭다고 말하는 대신 자유롭고 싶다고 말한다. 그 둘은 내게 동의어다.
 춤을 출 때 나는 행복하다. 온몸으로 나를 표현하는 쾌감, 몸을 쓸 때야 느껴지는 카타르시스는 내가 전생에 무희가 아니었을까 하는 생각이 들게 한다. 바닷가 모래사장에서 비트를 쪼개며 스텝을 밟는 혼자의 춤, 바람을 안고 출 때 나는 바람의 연인이며, 비를 안고 돌 때 나는 비의 연인이다. 깜깜한 어둠에 나를 숨기고 풀어놓는 나의 들춤, 나는 전생에 팜므파탈 집시여인이었을까?
 나는 살아있고 싶다. 욕망의 주인으로 펄펄 뜨겁게 살아있고 싶다. 어느 것에도 속하지 않고 경계에 서서 존엄한 나로 살아가고 싶다. 온몸으로 색을 퍼 올리며 풍성한 연두색 머리칼을 휘날리는 강가 버드나무 옆에 서서 냉정과 열정, 자연과 인간, 삶과 죽음의 경계를 생각한다. 어차피 이 모두는 하나가 아닌가. 지금 내가 퍼 올리고 싶은 빛깔은 무엇인가? 봄바람 물결에 떠밀려 온 화두 하나 내 앞에 당도한다.

이석곡 소설가·시인·화가, 한국문인협회 회원, 허균문학상·탐미문학상 외, 장편소설 『장미의 반란』외 시집

이효석의 詩와 같은 소설

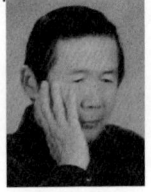

  평소 산을 좋아하고 자연인 성향을 지닌 나는 이효석의 『산』을 읽으며 주인공 중실이 자연에 동화될 때 감동의 도가니에 빠지곤 했다. 중실은 어수선하고 시끌벅적한 인간세계보다 밤하늘의 별을 세며 자신이 별이 되어 자연에 매료된다. 자연인에 대해 종종 유튜브에서 방송되는 것을 보곤 한다. 건강이 안 좋거나 사업에 실패하거나 혹은 시대에 적응 못하고 산으로 입산해 행복한 삶을 사는 사람들을 보며 산이 인간에게 주는 것이 무엇인가 생각해 본다.
  중실은 머슴 산 지 7년 만에 아무것도 받은 것 없이 맨몸으로 쫓겨난다. 김 영감이 장가들이고 집 사주고 살림을 내준다고 한 것은 헛소리였다. 중실이 영감의 첩을 건드렸다는 것은 어불성설이다. 처음부터 계획된 억지였다. 동구 밖에 빨래 왔던 첩과 마주쳐 나뭇짐을 지고 앞서거니 뒤서서 돌아온 것뿐이다. 그녀와 수상한 놈팽이의 농간에 중실이 엉뚱한 누명을 쓰고 쫓겨난 것이다. 중실은 넓은 하늘 아래 갈 곳이 없다. 제일 친한 곳이 늘 나무하러 가던 산이다. 빈 지게만 지고 산으로 들어간다. 산의 등은 펑퍼짐하고 양지쪽에는 해가 잘 내리쬐고 골짜기엔 개울이 흐르고 개울가엔 나무 열매가 지천으로 열려있다. 개울가에 불을 피우고 밭에서 뜯어온 옥수수 이삭을 구워 먹고 나뭇잎을 모아 그 속에 푹 파고들어 누우니 잠자리도 그다지 춥지 않다. 주영나무 가지에 달린 벌집을 찾아 꿀로 요기도 했다.
  산속은 고요하다. 웅성한 아름다운 세상이다. 과일같은 싱싱한 향기와 기운, 나무향기, 흙냄새 하늘향기는 마을에서 찾아볼 수 없는 것들이다. 눈에는 어느결에 푸른 하늘이 물들고 피부에는 산 냄새가 배었다. 한 포기의 나무가 된 몸은 별안간 부드득 솟아오르는 힘을 느낀

수필

다. 산은 마을보다 몇 곱절 살기가 좋다. 중실은 산에 들어오기를 잘 했다고 생각한다. 그러나 무슨 까닭으로 중실은 산에 살며 산이 그리울까. 산을 좋아하는 나는 중실의 마음을 백분 이해한다. 그냥 양지쪽이 좋고 자작나무가 눈에 들고 떡갈잎이 마음을 끄는 것이다. 그는 평생 산에서 살도록 태어났는지도 모른다.

심산에 산불이 보인다. 후끈후끈 열기가 느껴지고 나무뿌리가 탁탁 튀며 땅이 쨍쨍 울렸다. 몽둥이를 휘두르며 불 테두리를 빙빙 돌았다. 그래도 온 보람이 있었다. 그을린 노루 한 마리를 얻은 것이다. 이미 죽은 짐승을 중실은 짊어지고 산으로 돌아와 여러 날 동안 흐뭇한 양식이 되었다. 중실의 나뭇짐이 휘청휘청 앞으로 휜다. 이십 리 길을 부지런히 걸어가야 파장 전 장에 도착했다. 나무 판 돈으로 중실은 감자와 좁쌀, 소금과 냄비를 샀다. 이런 살림살이가 도무지 마음에 당기지 않았지만 산 생활에 필요한 것들이다.

거리에서 만난 박 서방에게서 병든 둥글개 첩이 최 면서기와 줄행랑 놓는데 아직 오리무중이란다. 잠 못 이룰 김 노인의 꼴이 측은하지만 애매한 머슴을 내쫓은 죄값이리라 생각되어 중실은 노인을 조금도 위로하고 싶은 생각이 없다. 개울가에 냄비를 걸고 서툰 솜씨로 지은 저녁을 마쳤을 때 밤은 깊고 어두웠다. 하늘에 총총한 별이 쏟아질 듯하다. 초생달이 나뭇가지에 걸려있다. 새들도 바람도 잠들고 개울물만이 쫄쫄 숨 쉰다. 등걸불이 탁탁 튄다. 나뭇잎 타는 냄새가 몸을 휩싸며 구수하다. 불을 쬐며 담배를 피우니 몸이 훈훈하다. 더 바랄 것 없이 마음이 만족스럽다. 문장이 아름다워 필사해 본다.

그러나 한 가지 욕심이 솟아오른다. 사내자식은 장가를 들어야 하는데 이웃집 용녀만 한 색시는 없다. 용녀는 생각만 해도 즐겁다. 굵은 나무를 베어다 양지쪽에 쌓아 올려 조촐한 오두막을 지었다. 산허리를 일궈 밭을 만들어 봄부터 감자와 귀리를 심을 작정이다. 뜰에 우리를 세우고 염소와 돼지와 닭을 친다. 용녀가 집일을 하는 동안 자신은 밭을 가꾸고 나무를 할 것이다. 용녀가 만약 말을 안 들으면 밤중에 내려가 가만히 업어오리라 상상한다.
　중실이 처음부터 산을 좋아한 것은 아니다. 김 노인에게 쫓겨나 갈 곳 없어 산에 살면서 자연에 동화된다. 가족이나 친구가 없어도 산에서 하늘, 별, 바람, 개울물, 나무 등과 벗하니 외롭지 않다. 자연에 경탄하면서 새로운 인식의 눈을 뜨게 된 중실은, 자연은 일시적 위안이나 망각을 위한 대상에 불과하다고 생각하던 것들이 진정 인간이 돌아가 의지해야 할 가치적 대상으로 바라보면서 자연의 위대함을 깨닫고 행복한 나날을 보내게 되는 중실이, 각박하고 혼탁한 현대를 살아가는 현대인들보다 못하지 않다고 본다. 이 부분이 깊이 공감된다.
　이효석 작가의 '산'을 기쁜 마음으로 소개하며 '메밀꽃 필 무렵'도 함께 추천한다.
　가족도 없는 장돌뱅이 허생원은 놀음으로 재산까지 날려 조선달과 떠돌이 신세다. 장날 허생원은 조선달에 끌려 충주집에 들렀다가 나이 어린 장돌뱅이 동이가 충주집에게 수작을 벌이자 따귀를 올리며 내쫓아버린다. 반항 없이 자리를 뜨는 동이가 허생원은 측은하다. 얼마 뒤 동이는 당나귀가 밧줄을 끊고 야단이라며 허생원에게 알려준다. 자기를 외면할 줄 알았던 동이의 행동이 고맙기만 하다. 나중에 동이와 부자지간임을 알게 될 때 피는 물보다 짙은 인연의 끌림이 아니었을까 생각한다.
　달밤에 나귀에 짐을 싣고 다음 장터로 떠나는 허생원 일행이다. 허생원은 가족도 없는 장돌뱅이지만 성처녀와의 추억을 소중히 간직하고 있다. 달빛 아래 메밀꽃 정경에 감정이 동한 허생원은 그날의 성처녀와의 러브스토리를 꺼낸다. 메밀꽃이 핀 여름밤 개울에서 목욕을 하려고 옷을 벗으러 물레방앗간에 들어갔다가 울고 있는 성서방네 처녀를 만나 신세 한탄을 들어주며 하룻밤 사랑을 하고 헤어지게 된다. 이번엔 동이가 어머니의 이야기를 한다. 동이는 어머니가 자신을 낳고 집에서 쫓겨난 이야기, 의부에게서 구박받으며 자란 이야기, 집을 나와 떠돌이가 된 이야기를 한다. 동이가 어머니 고향이 봉평이라는 말을 듣는 순간 허생원이 놀라 물에 빠진다. 동이가 허생원을 업고 개울을 건넌다. 동이의 등에 업힌 허생원은 따스함을 느끼며 묘한 감정에 사로잡힌다. 허생원은 동이가 자신과 똑같이 왼손잡이라는 것을 발견한다. 알 수 없는 부자간의 진한 핏줄의 이끌림을 느낀다.

 이효석(1907~1942)은 한 세기 전의 작가라지만 문체가 매우 시적이고 묘사가 아름답다. 글 쓰는 작가라면 이효석의 '산'과 '메밀꽃 필 무렵'은 꼭 읽어야 할 테스트로 일독을 권한다.

이성림 수필가, 명지대 교수, 은평문인협회 고문.

하찮은 여름벌레와의 전쟁

 이번 여름만큼은 제발 물 것에 물리지 않고 무난히 지나가 줬으면 하는 소망 같지 않은 소망을 바래 본다. 하건만 여전히 여름벌레인 모기에 다리고 팔이고 물려서 참지 못하고 긁다 보니 이래저래 흔적이 보기 싫게 남아 있다.
 나만 그런가 싶어 직장인들과 퇴근 후 2시간 정도 문학 공부하는 시간을 통하여 그분들께 '모기'를 주제로 한 글을 써오라는 숙제를 제시했다. 생각보다 많은 에피소드를 실감 나게 써 와서 발표를 하였다.
 어느 분의 글에서 읽었다며, 여름밤에 등 돌리고 잠을 자다가 모기소리가 나면 밤새워 모기를 퇴치하는데 일심동체가 되어 유난을 떨었다는 글 내용을 재미있게 자신의 사례와 빗대어 적어 냈다. 모두 공감하며 합평을 했다.
 또 한 분은 '흡혈귀와 터미네이터'라는 제목으로 그 작은 모기 한 마리 퇴치하기 위해 연약한 아내 앞에서 모처럼 씩씩한 터미네이터가 된 이야기를 실감 나게 써서 발표하기도 하였다.
 과연 모기를 주제로 한 글은 무엇이 있을까 찾아보니, 다산 선생의 '증문(憎蚊)-모기를 증오하다, 얄미운 모기로 의역함-을 찾았다. 읽어보니 어쩌면 그렇게 실감나게 묘사를 했는지 공감에 끄덕이며 읽어 나갔다.)
 맹호가 울밑에서 으르렁대도/나는 코 골며 잠잘 수 있고/긴 뱀이 처마 끝에 걸려있어도/누워서 꿈틀대는 꼴 볼 수 있지만/모기 한 마리 왱하고 귓가에 들려오면/기가 질려 속이 타고 간담이 서늘하단다/부리 박아 피를 빨면 그것으로 족해야지/어이하여 뼈에까지 독기를 불어넣느냐/베 이불을 덮어쓰고 이마만 내놓으면/어느새 울퉁불퉁 혹

수필

이 돋아 부처머리처럼 돼버리고/제 뺨을 제가 쳐도 헛치기 일쑤이며/넓적다리 급히 만져도 그는 이미 가고 없어 /싸워봐야 소용없고 잠만 공연히 못 자기에/여름밤이 지루하기 일 년과 맞먹는다네/몸통도 그리 작고 종자도 천한 네가/어찌해서 사람만 보면 침을 그리 흘리느냐/밤으로 다니는 것 도둑 배우는 일이요/제가 무슨 현자라고 혈식을 한단 말가/생각하면 그 옛날 규장각에서 교서할 때는/집 앞에 창송과 백학이 줄서 있고/유월에도 파리마저 꼼짝을 못했기에/대자리　에서 편히 쉬며 매미소리 들었는데/지금은 흙바닥에 볏짚 깔고 사는 신세/내가 너를 부른거지 네 탓이 아니로다/ -〔정약용, 증문(憎蚊 : 얄미운 모기)〕

　한번 잠이 들면 아무리 사납고 커다란 소리로 호랑이가 울어 제껴도 잠을 이루건만 그 작은 모기 한 마리의 왱 소리에는 그만 기가 질리고 속이 탄다는 것이다. 뼛속 깊이 독기를 풀어 넣어 이불을 뒤짚어 써도 이마에는 부처님 머리만한 모기 물린 자국을 만들어 놓는다는 것이다. 그 작은 모기 한 마리 잡으려고 이리저리 자신의 뺨을 후려치다 보면 헛손질만 날리고 다리께에 있는가 싶어 잡을라치면 이미 날아가 버렸다는 것이다. 몸통도 작고 종자도 천한 모기 한 마리에 감당을 못 하고 있는 선비의 모습을 그려보자니 웃음이 나온다. 모기의 속성이 낮에는 안 나타나고 밤에만 돌아다니며 피를 뽑아 먹는 모기는 도둑과 같고 대자리에서 매미 소리 듣는 운치하고는 거리가 멀다는 것이다. 그러나 생각해 보면 살아서 피를 지니고 있는 내가 너를 불러 들인 것이니, 모기 탓을 하겠는가. 결국 내 탓이라는 의연한 선비의 모습이라고 풍자스럽게 매듭을 짓고 있다.

　참으로 재미있는, 여름 한 철의 모기에 대한 단상을 읽으며 이러한 마음은 세월이나 시대에 관계없이 공감이 되는 일문逸文이라는 느낌이다. 그러나 모기도 사람을 가리며 공격을 하는 건지 함께 사는 남편은 아무리 모기가 물어도 붉혀지거나 가렵거나 하지 않으며 자국이 남지 않는 묘한 체질을 가졌다. 마치 그래서 그런지 천연덕스럽기가 마치 일본 하이쿠에 나타난 '모기여, 낮잠 자는 사람 위에 앉아 식사를 하는구나'라는 분위기 그대로이다. 그러나 나는 모기에게 식사를 제공하기는커녕 못 견디겠다고 한밤중 자다 말고 유난을 떨고 불을 켜고 야단을 한다.

결혼 초에는 단잠 깼다고 그리 싫은 기색을 하더니 제법 긴 세월 살아가다 보니 이제는 나의 체질을 알았는지 미리 모기향을 피우고 모기 박멸에 온 정성을 다하는 남편을 보면 그것도 함께 살아가면서 터득한 듯하다.

별거 아닌 듯한 일에 이제사, 수십 년의 세월이 흐른 후에야 마누라 체질을 알아서 살펴 주는 듯한 작은 마음에 진즉 좀 파악해서 맞춰나갔으면 좀 좋았겠나라는 생각을 해 본다. 이제, 남은 세월이라도 서로를 살피며 덜 어긋나게 살아가야 하지 않을까 싶다. 하찮은 여름벌레인 모기를 두고 유별스런 생각을 해 본다.

수필

장해익 시인·수필가, 월파문학상제정, 한국신문예문학회 명예회장, 저서 『백원짜리 인생』 외.

개천절이 오면 생각나는 노래 '아리랑'

박근혜 대통령 재임 때 세종문화회관에서 개천절 기념행사가 끝나면서 그 후속 행사로 '학춤'과 더불어 '아리랑' 노래가 연주된 바가 있었다. 기념식을 마치고 오른쪽 출구로 나오는데 마침 아령운동을 하고 있는 이철승 선배와 조우하였다. 그는 한때 양 김(김영삼과 김대중)과 함께 40대 기수론을 이끌었으나 중도통합론을 주장하면서 선명 야당론을 주장한 양 김에게 밀려 정계를 은퇴 중이었는데 회관 앞에서 우연히 만나게 된 것이다. 큰소리로 "나 이제 겨우 2살이 되었어!" 집에서 매일 아령체조하면서 92세에 건강을 되찾고 팔근육을 자랑하고 있는데 그때 기념행사에 참석한 외국 손님 한 분이 실례를 하면서 필자 앞으로 다가와 아리랑의 뜻이 무엇인지 물어왔다. 솔직히 한동안 말문이 막혀 대답을 할 수가 없었다. 아리랑은 한국의 대표적인 민요로서 2012년 12월 유네스코 무형문화재 유산으로 등재되어있고 북한도 2014년에 인류무형문화유산으로 등재 하고 있다.

우리나라에는 정선이나 밀양 등 지역별로 각각 다른 아리랑이 전해져 온다. 아무튼 아리랑은 대한민국 내국인은 물론 해외 한 민족 사회에서 널리 애창되는 대표적인 노래이며 한 반도의 중동부에 위치한 태백산맥을 중심으로 발생된 아리랑은 강원도 정선지역을 중심으로 점차 확산되어 8천만 한민족의 민요가 되었고 그중 가장 오래된 기록으로 아리령타령이 있으나 그 뜻을 한마디로 대답할 수 없었다. 다만 생각되는 것은 나운규의 영화 아리랑의 시나리오로서 일제강점기의 농촌마을을 배경으로 하여 민족의 비애와 항일정신을 형상화하는 것 외에는 설명할 거리가 없어 그 외국인 신사에게 차 한 잔 마실 여유가 있는지를 묻고는 회관 오른쪽에 위치한 2층 다방으로 안내하여 인사를 나누니 그 신사는 미 문화원에 근무하고 있다고 했다. 그리고는 필자는 고려 말에 발간된 삼국유사에 나오는 알 태생신화를 소개하면서 고구려의 시조 주몽, 신라의 박혁거세와 김수로 왕 등이 모두 하늘에서 내린 큰 알에서 태어났다고 설명하면서 "우리들 인간의 생명도 모두가 어머니의 뱃속 알과 아버지의 정충이 결합해서 생겨난다는 '알'이랑(with an egg)이란 말이 아리랑으로 변형되었을 뿐이다."라고 다음과 같은 내용을 설명했다.

"The reproductive cells of the male and female life merge into one and become a conjugate such a phenomenon as in animals sperm and eggs are combined to form fertilized eggs, and in seed plants, the ovary in the ovary of pistil and the nucleus of surgery are combined to form fertilized eggs."

"인간 생명의 시작은 남녀 사랑의 결실로 난자와 정자가 하나로 합쳐져 시작이 되고 그런 현상으로 동물에게도 정자와 난자가 합쳐져 새 생명인 수정란을 이루고, 종자식물에서는 암술의 씨방 안의 난핵과 수술의 정핵이 결합하여 수정란을 만든다."라고 설명드리니 이재야 아리랑의 뜻을 이해하게 되었으니 감사하다란 인사를 남기고 헤어졌다.

우리 민족의 노래 아리랑은 한국의 전통 민속 노래로, 그 유래와 역사적 의미는 한국 문화의 깊이를 이해하는 데 중요한 요소이다. 아리랑은 한국의 다양한 지역에서 각기 다른 아리랑은 단순한 민속 노래 이상의 의미를 지니고 있으며, 한국인의 정서와 역사적 경험을 담고 있다. 노래의 기원은 정확히 알려져 있지 않지만, 조선시대부터 민간에서 구전되어 오면서 각 지역의 특색을 반영한 다양한 변형이 생겨났다.

아리랑은 주로 슬픔과 고난을 표현하는 내용으로 구성되어 있다. 특히 일제강점기에는 저항의 상징으로 자리 잡았으며, 민족정신을 고양하는 역할을 했다. 이 시기에 아리랑은 단순한 노래를 넘어, 한국인의 정체성과 저항의 아이콘으로 자리 잡았다. 또한 아리랑은 기쁨과 희망의 순간에도 불려져, 어려운 시간을 견디고 새롭게 일어설 수 있는 힘을 주는 노래로 여겨졌다. 이러한 이중적인 의미는 아리랑이 한국 문화에서 차지하는 중요한 위치를 더욱 부각시킨다.

수필

21세기 들어 아리랑은 한국을 대표하는 문화유산으로 세계에 알려지기 시작했다. UNESCO에 의해 인류무형문화유산으로 등재되며 그 가치를 인정받았다. 아리랑은 한국을 넘어 세계 여러 나라에서 공연되고 있으며, 다양한 장르와 형식으로 재해석되고 있다. 이로 인해 아리랑은 한국의 민속 음악을 넘어 글로벌 문화의 일부로 자리 잡게 되었다. 아리랑을 통해 한국의 역사와 감성을 느낀 외국인들은 이 노래가 단순한 민속 음악이 아니라, 한국인들의 고난과 희망, 그리고 그들의 문화적 정체성을 담고 있다는 것을 이해하게 된다.

현대에 들어 아리랑은 다양한 예술 장르에서 재해석되고 있다. 클래식 음악, 팝 음악, 댄스 등 여러 분야의 아티스트들이 아리랑을 새로운 방식으로 표현하고 있으며, 이는 아리랑의 지속적인 생명력을 보여준다. 또한, 아리랑은 한국의 여러 축제와 행사에서 중요한 역할을 하고 있으며, 그를 통해 한국의 전통과 현대가 결합된 모습을 볼 수 있다. 아리랑의 현대적 재해석은 한국의 전통문화가 현재와 미래에도 계속해서 살아 숨 쉬도록 만드는 중요한 과정이라 할 수 있다.

문제는 아리랑 노래의 체계적인 세계화에 있다. 최근 글로벌 IT 업계에 '소버린 AI'가 화두가 되고 있다. 소버린 AI는 자국의 데이터와 인프라로 역량을 갖춰 지역 언어와 문화, 가치관 등을 반영한 LLM(대형 언어 모델 (large language model)로 이용한다. 현재 구주나 미주는 물론이고 아프리카제국이나 아랍권 제국을 포함한 세계 각국은 빅테크들에 대한 가치관 종속을 우려하면서 각국의 고유문화 창달과 강화에 매진하고 있는 추세다. 따라서 한국도 아리랑을 단순한 노래 이상으로, 한국인의 역사와 문화의 상징적 존재로 바로 세우고 아리랑을 통해 우리는 슬픔과 희망, 고난과 극복의 이야기를 들을 수 있어야 하며, 이러한 감정은 세대를 넘어 계속해서 이어져야 할 것이며 아리랑은 한국의 소중한 유산으로, 앞으로도 다양한 형태로 계승되고 발전해 나가야 할 것이다. 지금 미국에서 활동하고 있는 가수 김소양 양의 '홀로 아리랑'을 들으며 이 글을 쓴다.

정교현 한국문인, 현대시인협회 회원, 신문예문학회 지도위원, 재정경제문학회 총무이사.

진화하는 장례문화

　우리나라 장례문화의 흐름을 이해하기 위하여는 이조시대를 풍미한 유교 풍속을 살펴볼 필요가 있다. 유교 문화에서 중시하는 관혼상제 의식은 가히 절대적인 정신세계를 지배하는 가치체계로 인식될 정도였다. 사람의 신분과 부귀를 상징하는 벼슬에 오르는 걸 관冠이라 한다면, 다음에 중시하는 것은 남녀가 가정을 이루는 혼婚이고, 그다음은 현세에서 삶을 마감하여 상喪에 이르게 되고, 생을 마감했다 하더라도 내세를 중시하는 기복 신앙적 믿음에서 사후에도 현세와 같은 인간적 예우를 받기 위한 마음에서 제례祭禮를 중시했던 것 같다.
　이와 같은 제례 문화는 조선조 5백 년을 거치는 동안 백성들의 삶의 지표로 삼을 정도로 중요한 비중을 차지했으나, 구한 말 서양의 신문물이 들어오면서 특히 천주교를 받아 드리면서 제사 풍속에 큰 변화를 가져오기도 했다. 예를 들면, 제사 모실 때 신위神位라는 말을 빼고 지방을 쓰게끔 한 것은 다산 정약용 선생의 개혁 사상의 소산이라 볼 수 있다. 제사 풍속과 함께 장례 방법이나 절차도 엄격하게 시행되어 특히, 양반가 집안에서는 더욱 이 예법을 중시했다. 그래서인지 그 풍속의 여파로 근세에 이르러서도 조상의 묘를 잘 써야 집안이 융성한다는 풍수지리설까지 가세하여 좋은 묘지, 소위 명당자리를 잡기 위해 이름있는 가문에서도 저명한 풍수를 신봉하는가 하면, 대학에 풍수지리 학과가 설치되고 있는 게 작금의 현실이다. 정치권에서도 대권에 도전하는 인사들이 부모의 묘지를 명당으로 가름하는 길지吉地로 이장했다는 소식을 접하는 게 생소한 일이 아니고, 일반 대중에 이르기까지 좋은 묘지에 대한 애착심은 우리나라 장례문화와 더불어 국민 생활 속에 깊숙이 자리 잡아 왔다.

수필

　우리 집안에서도 명망 있는 고조부 선조의 묘지를 접근성이 좋고, 또한 선대 묘지가 운집해 있는 곳으로 이장移葬을 도모했으나 풍수지리를 안다는 일부 종친의 반대로 성사되지 못했다. 인적이 뜸해 산골짝 길마저 사라진 높은 산 중턱에 예전대로 모시고 있어 벌초하는데도 애로가 많고, 성묘도 자주 못하게 되어 볼썽사납게 되고 있다. 옛날 농촌에서 대대손손 씨족들이 한 가족처럼 대가족이 모여 살 때는 벌초에 대해 별로 걱정을 안 했지만, 요즈음은 자손들이 대도시로 뿔뿔이 헤어져 살게 되고, 가계가 핵가족화되는가 하면, 최근에는 젊은 이들이 편하게 살고파 아예 결혼을 기피 하거나 출산도 꺼려해서 후대 자손이 끊기는 사례가 늘어나고 있는 추세다. 자손이 있다 해도 외국에 나가 살고있는 경우도 점차 늘어나 벌초하는 문제는 초미의 관심사로 대두되고 있다. 묘지를 제대로 가꾸려면 일 년에 두 번 정도는 돌보아야 하는데 요즈음은 농촌에도 노임도 많이 오른데다 그나마 벌초 대행을 시킬 사람도 마뜩지 않아 고민거리다. 부탁할만한 일가친척분도 별반 살고 있지 않고, 살아 계신 분도 노쇠해서 부탁드리기도 여의치 않다. 농협을 통해서라도 벌초 위탁을 도모하기도 하지만, 이도 저도 싫으면 아예 무묘無墓 방식을 실천하는 어른도 계신다.

　내가 참여하고 있는 경로당에는 80대 후반에 이르는 남자 어른이 십여분 계신 데, 이중 세분 정도가 이구동성 하시는 말씀이, "내가 죽으면 자손들이 묘지관리 걱정하지 않게 금 아예 묘지를 쓰지 못하게 하겠다"고 하여 가히 충격적이다. 내가 의아해 물어보니 장기 기증 서약서를 보여주며 하시는 말씀이, 자신이 죽은 뒤에는 화장을 해 공중에 살포해서 흔적도 남기지 않고 사라지겠다는 것이다. 흔적이라도 남기고 싶은 분은 나무 아래 뿌리는 수목장 방식을 원하는 분도 계셨다.

　나의 조상들을 모신 묘지가 있는 선산은 6백여 년간 존치되고 있지만, 예전 방식을 고수하여 합장合葬도 거의 하지 않고, 봉분에다 떼를 입히고, 비석을 세우거나 제단을 놓는 등 예전에 비해 별반 변화를 찾아보기 힘들다. 우리 종친들은 산촌 출신 들이라 그런지 새로운 변화에는 둔감한 편이고 옛것을 지키려는 보수성이 짙은 것으로 보인다. 나 자신도 수천만 원 들여 몇십 년 사용계약을 하는 공원묘지의 납골당을 선호하기보다는 수백 년 간 선친 조상님들이 안치된 선산에 묻히고 싶은 심정이다. 그래서 고민하는 게 묘지를 어떻게 안치시켜야, 면적도 작고 관리하기 쉽게 하면서도, 무성하게 번성하는 잡초들로부터 보호받아 후손들의 시름을 덜어줄까 하는 문제를 심사숙고하게 된다.

작년 소 종중 시제에 갔을 때 종친 한 분이 자신이 관리하는 종산 입구에 묘지 50여 기를 한곳에 안치安置시켰노라 해서 함께 방문한 적이 있었다. 합장을 했으니 당연히 묘지는 절반으로 줄게 되고, 유골은 모두 화장을 해서 석곽함에 넣고, 위에는 봉분 없이 두어 자 남짓한 크기의 석판을 유골함 위에 얹는 형태로 안장시켰다. 공원식 묘지 한 켠에는 유물이 될만한 선조의 묘비를 옮겨 세웠고, 묘지 앞쪽에는 제단석을 놓고, 바닥에는 자갈을 깔아 식물이 뿌리를 내리기 어렵게 하고, 둘레에는 향나무 등으로 조경을 하였다. 향후 자손들 묘지 여분까지 마련했는데도 총면적이 100평도 안 된다고 하며 한시름 놓았다고 하신다.

불과 몇 년 전만 해도 일본은 화장이 주류를 이루고 있음에 비추어, 우리나라는 매장 위주에서 급진적으로 화장 위주로 바뀌고 있는 추세다. 화장이 대세를 이루게 됨에 따라 발 빠르게 적응하는 선각자들은 집안이 합심케 하여 기존 묘지를 추슬러 납골당 묘지로 변신하면서 주변을 공원화하는 등 묘지 공동관리의 수범을 보이는 경우도 있다.

나의 지인이신 광산김씨 집안의 평장 사례를 소개하고자 한다. 이분들도 누구 못지않게 유교 예법에 완고한 가풍이지만, 가문의 지도자를 중심으로 온 집안이 합심하여 뿔뿔이 흩어져 있는 묘지를 한곳으로 모아 봉분 없는 평장으로 하면서 공원화를 완성한 것이다. 유물이 될 만한 묘비석만 안치시키고, 매장된 유골은 모두 화장을 해서 유골함에 모시고, 상판은 봉분을 없이하고 자그마한 석판을 안치시켰다. 그리고, 묘지 주변에는 자갈을 깔아 잡풀이 쉽게 자라지 못하도록 조치

수필

하였다.

　이는, 전술한 사례와 유사하지만, 제사 풍속을 획기적으로 바꾸어 시행한 것은 귀감이 된다. 해마다 모셔오던 기제사 모두를 방안 제사로는 모시지 않고, 고향 선산에서 일정한 날을 잡아 일가 대소 간이 모두 모여 시제로 모신 다 한다. 축제 분위기로 모시게 되니 모두가 찬동하고 특히, 새 며느리들이 제사상 준비에서 해방감을 갖게 되어 더욱 좋아한다고 한다.

　자고로, 예법에 따른 고답적인 전래의 풍속을 바꾼다는 것은 실로 어려운 일이 아닐 수 없다. 하지만 한 집안의 지도자를 중심으로 마음을 합쳐 창의적인 방안을 모색하여 시의 적절하게 대처해 나간다면 불가능 한 일은 아니라고 생각된다.

　실용적 개혁가이신 다산 정약용 선생은 임종에 앞서 자손들에게 유언하시기를 "내가 죽거든 명당을 찾지 말고 내 살던 집 뒷동산에 묻어 달라" 하신 것은 그 당시의 사회적인 분위기로 보아 깨어있는 선각자가 아닌가 싶다. 또한, 서울 성북동 길상사에 가 보면 사찰 정원이 고즈넉하면서도 마음이 차분해짐을 느끼게 된다. 사찰 왼쪽 켠으로 오르다 보면 1자 정도 크기의 항아리 모양의 우아한 석관묘가 있는데, 이것이 무소유 삶을 실천하신 법정 스님의 유골을 모신 것인데, 거창한 부도浮屠가 아니라도 아름답고 진기하기만 하다. 또, 국군묘지에 가 보면 "나와 생사를 같이 한 일반 사병 묘지에 나를 묻어달라"고 한 채명신 장군 묘소에도 참배를 드려 봄직하다. 죽어서도 신분 상승을 고집하는 사람들에게 교훈을 주고 있는 사례를 들었다.

　지난달 고향 친구 만나 들었던, 평장으로 개장한 이야기를 새김질하면서 이 글을 마치고자 한다. 그 친구의 조부 이하 선친과 자기 3형제 그리고 후손 묘자리까지 평장平葬으로 안치하면서, 가족 유래를 새긴 비석과 함께 제단도 마련했는데 총경비 1천만 원 들었다고 한다. 200평 면적에 있던 묘지를 단 두 평에 한자리에 모시게 되고, 바닥에는 자갈을 깔아 잡풀이 준동 못하게 했노라고 말하며 환하게 웃는 모습이

여유로움 마저 있어 보인다.
 다가오는 세대를 위하여 봉분 없는 평장을 적극 권장(설치 비용의 일정 부분을 예산으로 지원)해서 유효 국토관리 면적을 늘리는 한편, 국민의 삶의 편익을 도모하기 위하여 의회 및 국가와 지자체에서 유림의 본산인 성균관과 업무 협약을 체결하고, 언론기관의 협조를 얻어 고답적이고 생산성을 저해하는 장례문화를 획기적으로 개혁하기를 기대해 마지않는다.

홍재숙 소설가·수필가, 한국여성문학인회 이사, 송헌수필문학상 외, 수필집 『꽃은 길을 불러모은다』 외.

한옥살이

  한옥에서의 살림살이는 자연과 함께하는 삶이다. 여름 나절 대청마루에 앉아 있으면 활짝 열어젖힌 쪽문은 그림틀이 되어 뒤란의 풍경을 그대로 담아서 보여준다. 돌담 밑에서 생글거리는 꽃들이며 풀숲을 날아다니는 새들로 쪽문은 살아있는 그림틀이다. 추녀는 뒤뜰에 시원한 그늘을 깔아놓고 유혹의 눈짓을 보내는데, 손바닥만 한 볕에도 바위취는 땅을 기어 다니며 푸른 군락을 이룬다. 진분홍빛 모란이나 함박웃음을 던져주던 함박꽃의 모습은 아직도 내 마음속에 팔곡꽃병풍 같은 풍경으로 남아있다.
  이십 대 중반에서 사십 대 중반까지 살아온 나의 한옥살이는, 지금도 나만의 곳간에 숨겨온 소중한 추억이다. 곳간 문을 열면 꽃향기와 함께 사계절 자연의 모습이 물씬 풍겨 나온다.
  신혼여행을 다녀와서 경첩소리 묵직한 시댁의 대문을 들어섰을 때였다. 제일 먼저 엉기성기 숱 없는 쪽진머리에 은비녀를 꽂고 연푸른 한복을 입은 시할머니가 나를 맞이했다. 할머니는 바가지를 문턱에 턱 엎어 놓더니 힘차게 밟고 넘어오라고 하셨다. 얼떨결에 꾹 눌러 밟았더니 와지직 박 깨지는 소리가 요란했다. 박 바가지 깨지는 소리는 앞으로 내가 마주해야 할 전혀 다른 환경 건너편으로 안내해주는 소리로 들려 아득해졌다.
  "됐다. 소리가 크다. 예쁘게 잘 부서졌네."
  왁자하게 터지는 웃음소리와 함께 여러 얼굴들이 웃음을 입에 물고 나를 향해 손짓했다. 중정 마당으로 뚫린 하늘에서 쏟아져 내리는 햇살에 눈이 부셨다. 안마당에서 구경하던 사람들은 어서 들어오라고 했다. 흰구름 한 덩이가 스르르 내려와 우물물로 내려앉던 따듯한 사월이었다.
 어떤 주술이었을까. 시할머니의 지휘로 손자며느리 맞이하는 절차는 한양 조씨 가문으로 들어오는 며느리들의 통과의례였다. 시어머니도, 시할머니도, 또 윗대의 무수한 며느리들도 모두 이런 절차를 밟으며 시집 대문으로 들어섰으리라. 그날부터 나는, 열 한 식구의 대가족이 사는 한옥살이의 일원이 되었다.
 한옥은 바람의 집이다. 사방팔방으로 뚫린 구조는 자연친화적이라서 바람을 쉼 없이 불러들인다. 바람은 시어머니가 복 많이 들어오라고 사계절 내내 새벽부터 어스름 저녁까지 활짝 열어놓은 대문으로 으쓱거리며 들어온다. 기와지붕을 타고 장난꾸러기처럼 중정 안마당으로 거꾸로 들어오면서 대청마루 밑 깊은 구석구석까지 휘둘러보고, 부엌 쪽문으로 나가서 햇볕에 벌겋게 달궈진 장독대에 드러눕기도 한다. 어떤 바람은 심심한지 안마당에서 맴을 돌다가 우물가에 놓인 스텐 세수대야를 건드려 짤랑 소리를 내고 흰 고무신에 흙먼지를 뿌려놓고 달아난다.
 한옥은 하늘과 소통한다. 미음자 형태로 지어진 안채의 방문들은 모두 안마당을 바라본다. 안방과 건넌방 사이에 앉은 대청마루도, 사랑채 방문도, 바깥채 방문도 모두 중정을 통해 하늘을 본다.
 애초에 시어머니는 건넌방을 아들 며느리 방으로 주려고 내 생각을 물으셨다. 나는 건넌방에서 열 걸음도 안 되는 안방을 바라보며 드나드는 소리를 걱정했다. 창호문을 통해 대청마루를 건너 안방으로 스며들 소리의 자유를 상상했다. 감추고 싶은 소리가 여과 없이 이 방에서 저 방으로 평풍처럼 날아다닐 거라는 생각에 망설임 없이 바깥방을 우리의 방으로 선택했다.
 유리창 덧문이 따듯하게 보호해 주는 건넌방 대신 바깥채 방은 거친 들판이었다. 네모나게 열린 하늘로 자연이 고스란히 뛰어 들어왔다. 방문을 열면 기다렸다는 듯이 사계절의 자연이 나에게로 안겨 왔다. 비 오는 날이면 빗줄기가 빗금을 그으며 방문 앞 신발을 흠뻑 적시고,

수필

눈이 오면 꽁꽁 얼은 신발 안에 눈이 소복하게 쌓였다.
한옥의 여름날 저녁나절은 어떠한가. 온 동네 모기는 모두가 몰려오는 듯 모기장 바깥은 윙윙대는 모기들 소리로 가득 찼다. 다섯 개 방의 전자 모기향은 향으로 파수를 서고 부엌문 앞 동그라미 모기향은 밤새도록 제 몸을 하얗게 태우며 매운 냄새를 피워 모기를 쫓았다.
어느 해 여름, 손바닥에서 느껴졌던 차가운 감촉이 아직도 생생하다. 잠자다가 손바닥에서 차갑게 물컹거리는 덩어리가 만져졌다. 소스라치게 놀라 눈을 떠 보니 달빛 아래 아주 작은 연두색 청개구리가 내 손바닥에 오도카니 앉아 있었다. 비명을 지르면서 모기장을 들추고 손바닥을 털었다. 어떻게 들어왔을까. 철통같이 방어를 했는데도 모기장 안으로 들어오다니, 개구리도 모기의 등쌀에 못 견뎠나 보다.
한옥의 가을은 썰렁한 바람이 먼저 찾아온다. 바람은 하루 종일 마음 내키는 대로 집안을 냉기로 가득 채운다. 어머님의 대문 열어놓는 습관 덕분이었다. 꼭두새벽부터 대문을 활짝 열어놓아야 복이 들어온다고 굳게 믿는 어머님의 거룩한 하루 행사에 춥다는 말은 쑥 들어가고 그런가 보다 하고 견디던 시절이었다.
우리 동네는 서울하고도 특별시 강 서쪽에 자리 잡은 방화동이다. 더딘 발전으로 수도가 들어오지 않아 집집마다 우물을 파거나 펌프를 썼다. 우리 집 대문은 우물과 펌프가 마주 보고 있었다. 빨래를 하려면 두툼한 솜옷으로 중무장을 해야 했다. 빨랫돌에는 얼음이 박히고 바람은 차디찬 손으로 사정없이 파고들어 온몸이 시려 왔다.
지금도 눈을 감으면 4대가 함께 사는 대가족의 편안한 일상을 위해 하루 종일 종종거렸던 어머님과 내가 보인다. 식구에게 바친 노동의 시간들이다. 한옥이 주는 묵직한 관습에 눌려 어머님을 따라 해냈던 한옥살이이다.
한옥의 겨울나기는 연탄과의 씨름이다. 다섯 방 아궁이에서 나오는 끊임없는 연탄은 어머님께 물려받은 고행이다. 일상의 일을 바깥에서 해결해야 하는 한옥의 구조가 삶의 힘든 골짜기를 만들었던 시절이었다.

"빨간불이 위로 가나요? 까만 게 위로 가나요?"

며느리에게 연탄불 가는 시범을 보여주려는 시어머니를 기함시켰던 그날부터 나와 연탄과의 고된 싸움은 시작되었다. 연탄을 갈 때 힘을 써야 한다는 사실을 알게 되면서 허드레물로 쓰일 설설 끓는 무거운 물솥에 익숙해졌다. 연탄이 뜨거운 사랑으로 서로 맞붙어있을 때도 있었다. 강제로 헤어지게 하는 요령도 배웠다. 연탄집게로 조심스럽게 집어 땅바닥에 내려놓고 맞붙은 곳을 부엌칼로 살살 치면 몸체에서 떨어져 나온 부스러기 불꽃은 바람과 만나 푸른 불로 이글거렸다. 딸아이들을 위한 내 사랑도 그렇게 이글거렸던 시절이었다.

어느 해 겨울 어스름 저녁, 연탄불을 갈다가 허리를 삐끗해서 병원으로 실려 갔다. 보금자리를 찾지 못한 심술궂은 바람 때문이었다. 무거운 물솥을 드는 순간 바람이 등 뒤로 달려들었다. 한 달 보름을 대학병원에 누워있으면서 한옥에서 풀려난 안도감에 깊은 잠 속에 빠져들었다. 잠의 늪에 빠져 편안한 휴식을 맞이했다.

한옥을 헐고 지금 살고 있는 삼층 양옥을 지었다. 시할아버지가 처남들과 함께 압구정동 큰댁 산에서 아름드리 소나무를 베어 뗏목을 만들어 한강을 타고 가져와 지으셨다는 한옥이다. 한옥을 허물 때 지붕과 벽채를 이루었던 재목들이 뿔뿔이 흩어졌다. 지금 생각하면 상량문이 적힌 마룻대(중방)라도 간직할 걸 그랬다고 추억의 곳간이 허전해한다.

小說

김호운 이광복 이은집 장길환

김호운 소설가·수필가, 현)한국문인협회 이사장, 펜문학상·녹색문학상 외, 장편소설 『사라예보의 장미』 외 30여 권.

헤르타 밀러의 손수건

하늘이 참 맑고 높다. 어려서 그랬는지 나는 궁금한 게 참 많았다.
"엄마, 하늘이 왜 파래?"
가을하늘이 왜 까마득히 높은지 궁금해서 어머니에게 물었다. 마당에 펴놓았던 멍석을 말던 어머니는 잠시 멈추고 생각하다가 이내 다시 멍석을 말면서 말했다.
"밤이슬이 밤새 하늘을 닦아 놓아서 그렇지."
이때쯤 되면 여름내 마당에 펴 둔 채 식사도 하고 모깃불을 피우고 잠자기도 하던 멍석을 어머니는 저녁상 물린 뒤 꼭 말아서 거둔다. 밤이슬에 멍석이 젖기 때문이다. 그걸 보며 나는 밤이슬이 가을하늘을 깨끗하게 닦는다는 어머니의 말을 믿었다. 빛의 산란 작용으로 가을 하늘이 높아 보인다는 걸 알고 나서도 나는 어머니가 한 그 말을 여전히 믿는다. 대기가 맑아 빛의 산란이 적어서 하늘이 파래 보이는 원리를 알았을 턱이 없는 어머니는 수많은 가을을 보내며 느낀 감정을 그렇게 표현했다. 생각해 보면, 그냥 툭 던지는 것 같은 어머니의 말은 이처럼 언제나 옳았다.
어른이 되어 내 자식을 키우면서 나는 비로소 어머니의 그 마음을 읽었다. 당신이 아는 만큼만, 자라는 자식의 생각을 넘어가지 않으려는, 속 깊은 어머니의 마음이다. 나는 그렇게 어머니의 넉넉한 가슴에서 컸다.
그 어머니가 이제 내 곁에 없다. 생각이 풀리지 않을 때 속 시원하게 해결해 주는 기둥이 없어졌다. 똑똑해져서 나 혼자서도 잘 살아갈 수 있을 줄 알았는데, 나이 들수록 모르는 일이 하나둘이 아니다. 그래서 가을이 되면 깊고 넓은 어머니의 가슴이 더 그립다. 그래서인지

소설

이젠 가을하늘이 내겐 그렇게 아름다워 보이지 않는다. 너무 맑고 파래서 가슴이 시리도록 싸하다. 젊을 때는 이런 날이면 어디론가 달려가고 싶었는데, 언제부터인가 마음이 심드렁해졌다. 이런 변화는 어머님이 돌아가신 뒤부터인 듯싶다. 즐거운 건지 싫은 건지 딱히 구별할 수 없을 정도로 그저 무덤덤하게 가을을 맞는다.

어릴 때부터 어머니는 매일 사과 한 개씩을 내게 먹였다. 아무리 시골에 살아도 과수원집이 아닌 이상 매일 사과 한 개씩 먹는 건 쉬운 일이 아니다. 어머니는 그렇게 쌀처럼 더 귀하게 여기며 집안에 사과를 꼭 준비해 두었다. 달리 영양가 있는 음식을 먹을 수 없을 때여서 튼튼하게 나를 키우려는 어머니의 열망이 아니었을까 싶다.

어머니의 그런 마음은 결혼하여 내 가족이 생긴 뒤에도 식지 않았다. 늘 사과 상자를 택배로 보내주셨다. 바쁘다는 핑계로 안부 전화가 늦을 즈음이면 어머니가 먼저 전화를 한다. 첫 마디는 언제나 "사과 있느냐?"였다. 몇 번 그러고 난 뒤, 나는 나도 모르게 근무 중에 전화한다고 짜증부터 냈다. 그 뒤로 "사과⋯⋯ 있느냐?"로 바뀌었다. 길지도 않은 그 말을 어머니는 한 번에 하지 않고 꼭 두 음절로 나누어 '사과⋯⋯'한 뒤 잠시 틈을 들인 뒤에 '있느냐?'라고 한다. 그제야 '사과 있느냐?'는 질문을 하기 위해서가 아니라 자식 목소리를 듣고 싶어서 전화했다는 걸 알아차리고는 몹시 미안하고 죄송했다. 나는 늘 그렇게 어머니보다 한발 늦게 세상을 알았다.

지금도 아침 밥상에는 늘 아내가 사과 한 알을 올려놓는다. 어머니가 "내 사는 동안은 사과를 보내줄 테니, 반찬은 빼먹더라도 사과는 꼭 올려놓아야 한다."라고 당부했다는 것이다. 시장 보러 가면 아내는 언제나 사과부터 챙겨 산다.

이제야 어머니의 그 마음을 읽었다. 어머니는 사과 한 알을 '산삼'처럼 생각한 게 아니라, 자식에게 '관심關心'의 끈을 놓고 싶지 않았다. 그 사과 한 알에 당신의 마음을 모두 담았다.

오늘 루마니아 출신 독일 소설가 헤르타 밀러의 장편소설『숨그네』

를 다시 읽었다. 오래전에 한 번 읽은 소설인데, 갑자기 2009년 그녀가 노벨문학상을 받을 때 발표한 수상소감이 떠올라서였다. 그녀는 수상소감에서 자신의 어머니 이야기를 했다. 외할머니는 그녀 어머니가 어릴 적부터 집 나설 때는 늘 "손수건 있니?"라고 물었다고 한다. 어떨 때는 이 말이 듣고 싶어서 그녀 어머니는 일부러 손수건을 가지고 나오지 않았다. 대문을 나서다 말고 "손수건 있니?"라는 말을 듣고 나서 방으로 뛰어가 손수건을 가지고 나오기도 했다. 그 손수건은 '어머니의 마음'이었다. 혼란기 때 경찰서로 붙잡혀간 그녀의 어머니는 대문을 나서다가 말고 환청처럼 "손수건 있니?"라는 어머니의 말을 듣고 부랴부랴 방으로 가서 손수건을 가지고 간다. 구치소에서 눈물을 닦던 그 손수건으로 구치소 책상이며 바닥을 닦기도 한다. 그녀가 어머니에게 왜 그랬느냐고 물었을 때 어머니는 "시간을 보낼 일거리가 필요했다."라고 말했다. 손수건은 바로 '어머니의 관심'이었다. 이것이 그 힘든 시기를 잘 견디어내게 했다.

그 '손수건'이 헤르타 뮐러에게도 전해졌다. 그녀는 자신의 소설 『숨그네』에 이 손수건을 담았다. 주인공 소년이 우크라이나에 있는 소련 수용소로 끌려갈 때, 소년을 향해 할머니가 "너는 돌아올 거야."라고 말했다. 마치 그녀 어머니에게 외할머니가 "손수건 있니?"라고 물은 것과 같은 말이다. 소년은 손수건을 가지고 있지 않았지만, 할머니의 그 말이 손수건이 되어 그 혹독한 수용소 생활을 견디어냈다.

나는 지금 한 손에 사과를 든 채 헤르타 뮐러의 『숨그네』를 읽는다. 멀리서 내 어머니의 목소리가 들린다.

"사과⋯⋯ 있느냐?"

소설

이광복 1976년〈현대문학〉소설 추천, (사)한국문인협회 제27대 이사장, 제35회 대한민국예술문화대상 외 소설집 「사육제」 외.

몰매

  봄은 역시 결혼의 계절이었다. 날씨가 확 풀리고 여기저기 꽃이 피어나기 시작하면서 길거리 어디에서나 신혼부부 태운 승용차들을 자주 볼 수 있었다. 특히 공항으로 가는 길목에는 그런 승용차들이 끊이지 않았다.

  신혼부부를 태운 승용차들은 거의 예외 없이 화려한 테이프에 울긋불긋한 풍선을 덩실덩실 매달고 질주했다. 그런가 하면 어떤 승용차는 깡통을 매달고 일부러 떨그렁떨그렁 쩔그렁쩔그렁 요란을 떨며 달리기도 했다. 일종의 행위 예술이라고나 할까, 아무튼 막 결혼식을 올린 새내기 신혼부부들은 주위의 시선을 끌기 위해 승용차에 온갖 치장을 하고 도로를 누비면서 어디론가 신혼여행을 떠나기 위해 신바람 나게 공항으로 달려가는 것이었다.

  그러고 보면 결혼 문화도 참 많이 바뀐 셈이었다. 그전에는 신혼여행을 떠나더라도 그런 경우가 흔치 않았는데, 이 근래 들어와 일찍이 과거에 볼 수 없었던 새로운 풍조가 생겨난 것이었다.

  이제는 결혼식 날짜도 평일이고 주말이고를 가리지 않았다. 왕년에는 주로 토요일이나 일요일 같은, 초청받는 하객들이 시간을 내기 좋은 주말에 결혼식을 올렸는데 최근에는 평일에 치러지는 결혼식도 부쩍 늘었다. 아니, 그것은 둘째 치고 요 얼마 전부터는 이른바 야간 결혼식까지 생겨났다.

  몇 해 전까지만 해도 결혼식은 당연히 낮에 올리는 것이 전통처럼 되어 있었으나 이 근자에는 밤에 치르는 야간 결혼식도 적지 않았다. 하기야 모든 분야에서, 하루가 다르게 후딱후딱 급변하는 세상이고 보면, 결혼 문화가 그렇게 바뀐다 한들 하등 이상할 것이 없었다.

특히 요즘 젊은이들의 인생관과 가치관은 참으로 기성세대의 예측을 불허했다. 어느 시대를 막론하고 틀에 박힌 기성세대보다는 젊은이들이 변화를 주도하고 있으니까 그것은 어쩌면 당연한 현상이라고 말할 수 있었다. 예나 지금이나 젊은이들은 기성세대의 고정 관념을 훌쩍 뛰어넘어 그들 나름의 톡톡 튀는 개성을 발휘하는 것이다.
 그야 어찌 됐든, 정수는 지난달부터 결혼식 축하하러 다니기에 바빴다. 일주일이 멀다 하고 청첩장이 날아드는데 여간 분주한 것이 아니었다. 심지어 어떤 날에는 하루에 두세 군데씩 겹치기로 다닌 적도 있었다. 그때마다 빈손으로 갈 수는 없고 일일이 축의금 봉투를 마련하다 보니 내심 부담이 가는 것도 사실이었지만, 일가친척은 물론 지인들 사이에 그런 경사가 줄을 잇는다는 것은 역시 기쁘고 행복한 일이었다.
 인생이 무엇인가. 결국 이웃과 더불어 기쁨과 슬픔을 함께 나누는 가운데 정겹게 사는 것이야말로 가장 값진 인생 아닐까. 누군가가 말했듯 기쁨은 나눌수록 두 배로 커지고, 슬픔은 나눌수록 절반으로 줄어들게 마련이었다. 그런 점에서 정수는 지금까지 살아오는 동안 측근의 경조사를 빼놓지 않고 꼬박꼬박 잘 챙기려고 노력했다.
 그뿐 아니라 정수는 여러 친목회에도 가입해 회원들과 변함없는 친목과 우정을 도모해 나왔다. 그중에서도 정수는 중학교 동기 동창들, 특히 평소 연락이 잘 닿는 친구들의 친목회인 청목회青木會에 특별한 애착을 가지고 있었다. 정수는 바로 청목회를 결성한 주역이었고, 초대 회장을 맡아 봉사했기 때문이었다.
 청목회는 문자 그대로 푸른 나무처럼 늘 푸른 마음, 푸른 뜻을 가지고 친목을 다져 나가자는 뜻에서 정수가 직접 지은 명칭이었다. 그런데 중학교 동기 동창 중에는 연락이 닿으면서도 이러저러한 이유로 청목회에 무관심한 친구들이 있었다.
 모든 동아리가 다 그렇지만, 그야 당사자가 모임의 취지에 찬동하지 않거나 개인 사정이 있는 한 어쩔 수 없는 일이었다. 정수는 동기 동창들이 한 사람이라도 더 청목회에 가입해 주었으면 하는 소박한 바람을 가지고 있었다. 하지만 그렇다고 해서 어느 누구에게도 입회를 강요한 적은 없었다. 정수는 애당초 청목회를 결성할 때 정한 원칙, 즉 오는 사람 막지 말고 가는 사람 잡지 말자는 기본방침을 견지하고 있었다.

청목회는 대개의 동아리들이 그렇듯 분기별로 한 번씩 정기 모임을 갖고 있었다. 장소와 시간은 따로 정해 놓은 것이 아니라, 회장과 총무가 긴밀히 협의해 그때그때 결정하는 방식을 취하고 있었다. 총무가 회원들에게 정기 모임 개최 소식을 통지할 때에는 직접 전화를 걸기도 하지만 주로 이메일이나 문자 메시지 등을 이용했다.

정수가 회장이었을 때, 총무를 맡았던 사람은 병구였다. 정수와 함께 청목회의 산파역을 맡았던 그는 정수가 회장 임기를 마치고 물러나게 되었을 때 그 뒤를 자연스럽게 이어받았다. 그러니까 정수와 병구는 중학교 동기 동창이면서, 동시에 청목회 안에서도 서로 바통을 주고받은 떼려야 뗄 수 없는 특별한 관계라고 말할 수 있었다.

사실 청목회는 그동안 그런 대로 잘 유지돼 나왔다. 청목회가 지금까지 별 잡음 없이 잘 유지돼 나오기까지에는 역대 회장과 총무들의 역할이 컸다. 그들의 헌신적인 봉사가 있었기에 청목회가 알차게 잘 꾸려져 나온 것이었다.

지난 주말, 바로 병구네 집에 큰 경사가 있었다. 병구는 그동안 조그만 음식점을 운영하면서 죽을 동 살 동 아주 힘들게 살아왔는데, 애지중지 키워 대학까지 졸업시킨 첫딸을 시집보내게 된 것이었다.

정수는 만사 제쳐놓고 그 결혼식에 참석했다. 아니나 다를까, 그 자리에는 청목회 회원들이 거의 모두 참석해 병구에게 아낌없는 축하를 보내 주었다. 그들은 예식장의 피로연장에서 정답게 도란도란 모여 앉아 식사했다. 그런데 이게 어쩐 일일까, 지난 회기까지 총무를 맡았던 학철이가 보이지 않았다.

정수는 필경 학철이의 신변에 무슨 일이 발생한 모양이라고 직감했다. 평소 성향으로 보더라도 학철이는 결코 이런 자리에 빠질 사람이 아니기 때문이었다. 지난번 모임에 나왔을 때 부친이 간암으로 큰 수술을 받았다고 했는데, 혹여 무슨 변고를 당한 것이 아닐까 하는 불길한 예감이 들기도 했다. 그가 이런저런 추리를 하고 있을 때 현재 청목회 회장직을 맡고 있는 봉길이가 불쑥 말했다.
"야, 식사하고 나서 이따가 밖에 나가 우리끼리 따로 차 한 잔 하자."
"차?"
"그래. 이 예식장에 들어오면서 아까 봐놓은 찻집이 있어. 정문 조금 못 미처 오른쪽에 좋은 찻집이 있던데……."
그는 음식을 찍어 먹느라 손에 들었던 포크로 오른쪽을 가리키면서 말했다. 그러자 누군가가 말했다.
"나는 얼른 밥 먹고, 다른 결혼식에 또 가야 되는데……."
"나도……. 사실은 집에 손님이 왔어. 집에서 잠깐만 기다려 달라 해놓고 나오긴 했는데 영 불안하군."
두어 사람이 불가피한 사정을 털어놓자 말 많고 다혈질인 봉길이가 가만있을 리 만무했다. 그가 말했다.
"짜식들……. 별로 바쁘지도 않는 놈들이 되게 바쁜 척하네. 내가 모처럼 차 한 잔 사겠다는데 웬 말이 그렇게도 많아? 알았어. 갈 놈은 가고 남을 놈만 남아. 정수는 어때?"
봉길이는 정수를 똑바로 쳐다보았다. 정수가 말했다.
"난 괜찮아."
그러자 이번에는 봉길이가 청목회 총무를 맡고 있는 현태에게 물었다.
"현태는……?"
"나야 뭐 별로 바쁜 일 없는 사람이니까……. 회장인 봉길이가 가자고 하는데 가야지 뭐."
"좋았어. 그 다음, 준식이는……?"
"나도 특별한 약속은 없어."

소설

"됐군. 그럼 우리 네 사람만이라도 찻집에 가자구."
식사를 마친 뒤 청목회 회원들은 뿔뿔이 흩어졌고, 결국 정수와 봉길이와 현태와 준식이 이렇게 네 사람만 찻집에 갔다. 창가에 자리를 정하고 앉자 작정이라도 했다는 듯 먼저 봉길이가 거칠게 포문을 열었다.
"그런데 어째 학철이가 안 나타났을까. 나쁜 놈……. 총무까지 지낸 놈이 안 나오다니 말이 돼?"
"그러게 말야. 정말 이상한 놈이네."
그때 현태가 맞장구를 치나 했더니 준식이도 한마디 거들었다.
"짜식……. 제 놈이 그러면 안 되지. 우리가 누군가? 우리는 중학교 동기 동창이자 청목회 회원들이야. 나중에 병구를 무슨 낯으로 만나겠어? 특별히 바쁜 일이라도 생겼나?"
"설령 아무리 바쁘다 해도 그렇지……. 병구네 혼사에는 당연히 얼굴을 비쳐야지. 젠장, 우린 뭐 할 일 없는 사람들이라 이렇게 시간을 냈나? 병구가 청첩장을 보냈을 테고, 총무인 현태가 회원들에게 일일이 이메일에다 문자메시지까지 보냈어. 그런데도 안 나와? 이거 봐, 총무……. 학철이한테 분명히 연락했지?"
"물론. 직접 통화까지 했는걸."
"뭐랬어?"
"꼭 나온다고 했거든."
"그런데도 안 나오다니……? 다음 정기 모임 때 내가 가만두지 않겠어. 호되게 면박을 줘야지."
그들은 학철이를 도마 위에 올려놓고 집중적으로 힐난했다. 학철에게는 소명할 기회조차 없었고, 그들의 일방적인 집단 성토는 차라리 무자비한 몰매나 다름없었다. 그때 정수가 말했다.
"너무 그러지 말게. 학철이를 탓하기 전에 그쪽에는 무슨 일이 있을까 바꿔 놓고 생각해 봐야지. 모르긴 해도 학철이에게는 틀림없이 무슨 말 못할 사정이 있을 거야. 아무래도 이상해. 얼마 전 부친께서 큰 수술을 받으셨다잖아?"

"내가 학철이와 직접 통화해 볼까?"

현태가 주머니에서 휴대 전화를 꺼내는 순간, 그와 동시에 학철에게서 되레 전화가 걸려왔다. 그런데 웬걸, 오늘 아침 학철이의 부친이 끝내 돌아가셨고, 그 바람에 병구네 집 혼사에도 참석할 수가 없었다는 것이었다. 그 소식을 듣는 순간, 지금까지 학철이를 일방적으로 매도했던 친구들의 입술이 싸늘하게 얼어붙고 있었다.

소설

이은집 고려대 국문과 졸업, 타고르문학상 수상 외, 현)한국문협 수석부이사장, 저서『학창 보고서』외.

첫눈 내린 날의 야한 추억

"아이고! 까맣게 모르구 잠만 잤네유! 간밤에 반가운 손님이 왔는디 말유! 당신두 쿨쿨 늦잠인께 전혀 몰랐쥬?"

요즘 들어 이상하게도 늦잠에 늦게 일어나는 습관이 되어 오늘도 9시나 돼서야 침대에서 일어나 거실로 나오니 마누라가 아침 식탁을 차리며 건네오는 말이었다.

"에이? 간밤에 반가운 손님이 오다니! 우리 집에 누가 왔단 말이여?"

"아이유! 저 베란다 창문 밖을 보슈! 올 들어 첫눈이 아주 많이 왔단 말유!"

"어엉? 정말루 건너 빌딩 옥상에 하얗게 눈이 쌓였네! 기후변화 때문인지 워째 겨울이 돼두 이상 난동이거나 눈이 안 내려 겨울 가뭄이 들기두 허는디 말여!"

나는 이렇게 대꾸하며 이번엔 거실 베란다로 나가 창밖을 내다보니 정원목의 가지 끝에도 하얀 눈을 뒤집어쓴 채 조용히 서있다.

"여보! 옛날 어렸을 땐 첫눈이 오면 강아지처럼 집 밖으로 뛰쳐나가 뛰어다녔는디, 이젠 늙으니 그저 멍하니 쳐다보는 게 고작이네유!"

"아암! 나이가 들수록 낭만이 사라지기 때문이지! 꽃이 피어두 심드렁! 단풍이 물들어두 보나마나니께 말여!"

"허지면 오늘 첫눈치고는 아주 많이 내려서 볼만한 경치인디유! 굳이 밖에 나갈 일두 없으니 교통체증 걱정두 안 되구! 그러니 여보! 오늘 점심은 첫눈 내린 기념으루 고깃집에 가서 거하게 한번 먹어볼까유? 당신 나헌티 외식 시켜준 지두 오래 됐잖유?"

"으음! 그리구 보니 애들이 코로나 걸려 가족 함께 외식헌 지두 까마득허구먼! 좋아! 그럼 오늘은 우리 둘이래두 한번 외식헙시다."
이리하여 첫눈 내린 기념으로 우리 부부는 때아닌 고기를 먹으러 가기로 했는데 어쨌든 겨울이란 계절은 눈이 좀 내려야 제멋인 것이다. 그런데 요즘은 기후변화 탓인지 겨울이 돼도 눈 구경이 어렵고 대신에 때아닌 깡추위만 몰려와 사람 고생을 시키기도 하는 것이다.
"아이고 여보! 내가 어려서 시골 고향에 살땐 오늘처럼 첫눈이 내리면 배 고프던 시절이라 저 흰눈이 다 쌀가루면 얼마나 좋을까 했는디 말유!"
마누라의 이런 엉뚱한 소리를 듣는 순간 나도 어려서 내 고향 청양에 살 적에는 첫눈이 오면 이렇게 날뛰던 추억이 떠올랐다
"얘들아! 첫눈이다! 모두 나와라!"
누군가 소리치면 우리들은 신생원네 큰 마당으로 모여 첫눈을 뭉쳐 먹기도 하고 눈덩이를 굴려서 눈사람을 만들기도 했다.
"야! 눈사람을 만들면 눈 코 입만 만들지 말구 그것두 만들어야지!"
"에잉? 뭐여? 그걸 만들다니…?"
"임마! 사람 바지 안에 숨겨져 있는 것! 말뚝자지 말여! 해해!"
응큼스런 태평이의 말에 누군가 벌써 옥수수 알갱이를 따낸 것을 눈사람 아랫도리에 찔러박아서 망칙스런 거시기를 뽐내게 했던 것이다.
"하하! 기와집 머슴 만복이 꺼만큼 크다여! 얼라리야! 꼴레리야!"
우리 조무래기들이 이리 떠들면 물동이를 이고 우물가로 가던 처녀들은 고개를 외면하고 비명을 지르기도 했다.
"야들아! 그런 몹쓸 장난치면 산짐승이 와서 물어가! 어이 치우지 못혀?"
그런데 첫눈 오던 날에 우리들은 들판 논에 가서 수렁을 치고 미꾸라지를 잡다가 눈바람에 추워서 들판 가운데 있는 화암초등하교에 가서 난로를 때어 추위를 피하려고 갔더니 이런 해괴한 일이 벌어지고 있었다. 글쎄 6학년 교실 난로에 솔방울을 때어 불을 피운 소사 총각이 어디서 처녀를 꼬셔와 책걸상을 밀어놓고 교실바닥에 눕히고 요상

한 짓거리를 하고 있었던 것이다. 그때 우리들은 고양이처럼 살금살금 다가가 창문 너머로 엿보니 그들은 세상에! 옷을 벗고 서로 마주 끌어안은 채 어른들 말씀으로 떡방아를 찧는 것이었다.
"으응! 누가 보면 워쩔라구 이려?"
'에이! 보긴 누가 봐? 첫눈 오는 날에 누가 온다구 걱정이여! 헉헉!"
그때 우리들은 더 이상 엿보다가 소사한테 들키면 크게 혼날 것 같아 도망치고 말았는데, 그날 밤에 우리 동네 신생원댁 큰 마당의 짚누리 속에서 며칠에 한 번씩 동네를 돌며 비렁뱅이를 하던 거지 부부가 얼어 죽은 채로 발견되었던 것이다.
"애고! 이리 추운 날엔 어느 집 부엌에라도 잠을 잘 것이지! 불쌍해라! 쯧쯧!"
이에 동네 사람들은 저마다 혀를 차며 안타까워 했는데. 내가 이런 추억에 벗어난 순간 마누라가 한마디 건네왔다.
"여보! 이젠 첫눈의 낭만도 없어졌으니 80고개는 깔딱고개라구 저승열차 탈 날만 기다리게 됐나뷰! 후우!"

장길환 강릉소설문학회 회원. 제5회 하이데거문학상 본상. 저서 『내세 Future Life』 외.

환생幻生

아침 메인 뉴스에 생활고와 고독에 따른 극단적인 선택을 한 노인의 이야기가 나왔다. 독거노인 돌봄을 하던 공무원이 그의 주검을 발견했고, 경찰이 극단적인 선택을 했다는 수사 결과를 발표한 것이다.

그는 주택연금으로 매달 받는 50만원의 돈으로 생활했고, 병원비와 약값, 전기나 수도요금, 세금 등은 휴지줍기 노인 일자리에서 번 돈으로 충당했다. 작은 연립주택에서 생활해온 그는 두 달 뒤면 주택연금도 끝나게 되어 있었다.

진 노인이 원래 이렇게 빈궁하게 산 것은 아니다.

그는 면사무소에 다니던 공무원이었다. 천성적으로 절약 정신이 몸에 밴 그는 그래도 재산을 좀 모았다. 부인은 과외선생을 하여 수입을 보탰기 때문에 남 부럽지 않게 살 수 있었다.

그의 맏아들은 대학을 나오고서도 도무지 취직을 못하자 외국 유학이라도 시켜주면 좀 나으려니 하고 부인의 성화에 못 이겨 유학을 보냈는데 마침 그때가 우리나라의 경제에 큰 타격을 주었던 IMF가 터지는 바람에 1달러에 2천원 가까이 가는 환율로 인하여 유학비에 엄청난 돈을 쏟아부었다.

맏아들이 그렇게 비싼 유학비를 쓰고 왔으면 좀 괜찮은데 취직을 했어야 되지만 유학 전이나 마찬가지로 백수로 지내면서 결혼한 동생에게 빌붙어 무위도식으로 나날을 보내는 한심한 인간이 된 것이다.

전과 변한 것은 하나도 없었다. 직업이 없으니 장가도 가지 못하는 마흔이 다 된 아들을 볼 때마다 진 노인은 가슴이 타들어 갔다.

"당신이 나서서 좀 어떻게 해 보세요. 큰아들이 저러고 있는데 그대로 손 놓고만 볼 작정인가요."

소설

아내의 성화는 매일같이 계속되었다.

진 노인은 자신과 아내가 반듯하게 살았고, 무슨 일이든 성실하게 하면 자식들은 그런 부모를 보고 조금이라도 배울 것이라고 생각했다. 그러나 아들 둘은 하나같이 부모가 성실하게 열심히 노력하는 삶과는 거리가 멀었고, 그 반대로만 갔다. 몇 번 고치려고 매질까지 해 보았지만 모두 허사였다.

그는 남들이 자식들 자랑을 할 때, 자식 자랑 한 번 못하고 평생을 살았다. 자신보다 못 배우고 더 못살던 친구도 자식들이 잘 되어 자랑을 하는데, 자신이 자식 자랑할 것이 없다는 자괴심이 평생 그를 억누르고 있었다.

아내의 성화에 못 이겨 이리저리 알아보고 노력한 결과 작은 회사에 맏아들을 취직시킬 수 있었다. 취직이 되자 이때가 절호의 찬스라고 생각하고 결혼도 시켰다. 이제 회사만 잘 다니고 자식을 낳아 가정을 잘 꾸리면 더 걱정할 것이 없었다. 기대한 대로 아들이 회사에 다니며 아들을 낳아 손자를 보는 행복을 안겨 주자 진 노인은 기쁜 마음에 재산을 털어 그들이 살 아파트도 사주고 또 월세 받을 다른 아파트까지 사주었다.

그것도 잠시, 조직사회에 적응을 못하는 아들은 결국 회사에서 잘려 다시 백수가 되었다. 얼마 후 아파트를 팔아 술집을 차렸다는 소문을 들은 진 노인은 그때부터 자식의 집에 발길을 끊었다.

작은 아들도 질세라 진 노인이 사준 아파트를 날려 버리고 백수가 되었다. 몇 십 년을 부부가 피땀 흘려 번 돈으로 마련해 준 재산을 일순간에 날리는 자식들을 보며 인생의 허무함을 느꼈고, 수 없이 후회도 했다.

그때 아내도 병을 얻어 세상을 뜨고, 지금까지 혼자 살았던 것이다. 혼자 사는 그에게 아들들이나 며느리 중에서 전화 한 번 오는 일 없었다. 작은 연립주택에 기거하며 외로움은 노인회관에서 달랬다.

외로움은 큰 병이다. 외로움이 우울증이 되고, 우울증이 질환이 되고, 염세증세로 발전하게 된다.

　삶에 지친 진 노인은 어느 날 어시장에 가서 살아 있는 큰 참복어를 사 와서 복어 매운탕을 만들었다. 먹음직스러운 알도 넣었다. 그는 매운탕을 안주 삼아 소주도 두 병 마시고 잠이 들었다. 얼마나 지났을까. 먼 곳으로부터 한 줄기의 빛이 다가왔다. 그는 무작정 그 빛을 따라 끝없이 달려갔다. 그리고 어느 포근한 주머니 속으로 들어가 잠이 들었다. 아주 길고 깊은 잠을 잔 후 그는 깨어났다.
　깨어나 보니 세상이 완전히 다른 세상이 되어 있었다. 배가 고프면 젖꼭지를 빨면 되고, 울면 엄마가 나를 핥아 주며 보드라운 털로 감싸주었다.
　행복한 시간의 연속이었다. 몇 달을 젖만 먹다가 주인이 다른 것을 주었는데 그것이 더 맛있어 그것을 계속 먹게 되었다. 그때부터 젖은 아주 잊어버리게 되었다.
　어느 날 누군가가 "푸들이네요." 하며 나를 번쩍 들어 올려 가슴에 안았다. 누군가 궁금하여 얼굴을 쳐다보니 어디에서 본 듯한 낯익은 얼굴이었다. 곰곰이 생각하다가 드디어 떠 올랐다. 근 이십 년 동안 전화 한 번 없었던 작은 며느리이다.
　그런데 오늘은 내가 작은 며느리 품에 안겨 그의 집으로 가는 것이다. 내가 며느리에게 무슨 말을 하려고 소리치면 나를 안아 주고, 쓰다듬고, 맛있는 것도 준다. 때로는 징그럽게 입맞춤까지 해 준다. 3일에 한 번씩 목욕을 시켜주고, 춥다고 예쁜 옷까지 사서 입혀 주었다. 잘 때에도 나를 침대에서 안고 잔다. 며느리와 함께 자는 것이 처음에는 어색했지만 곧 익숙해졌다. 내가 뒤가 마려워 아무데나 실례를 해도 군말 없이 그것을 치워주고 뒤도 닦아 준다.
　처음 나들이를 할 때는 나를 안고 다니더니만 나중에는 유모차를 사서 그것을 예쁘게 단장을 하고, 방석까지 깔고 그 위에 나를 태워서 밀고 다닌다. 내 자가용에 전용 기사까지 생긴 셈이다. 거기에 더해 한 달에 한 번은 미용실에 가서 나를 단장시켜주니 이런 호사가 없었다.

소설

어느 날 TV를 보니 개를 학대하면 처벌을 받는 동물보호법이 통과되었단다. 이젠 인간들이 자기가 키우던 개나 고양이를 학대하면 징역을 받게 되었다. 우리가 인간의 종이 된 뒤 그 오랜 세월을 잡아먹히며 매를 맞는 등 핍박을 받아왔는데 이제 드디어 인간이 서서히 우리의 종이 되고 있는 것이다. 정말 통쾌한 일이다.

내가 입맛이 없어 밥을 적게 먹으면 통조림을 따서 고기를 먹이고, 우유도 사 준다. 혹시 입가에 음식이 묻으면 물티슈로 닦아 준다. 내 몸에 열이라도 있으면 곧장 병원으로 가서 주사를 맞히고, 약을 먹인다. 내 병원비를 아끼는 것을 본 적이 없다. 외식을 할 때에도 나를 데리고 가서 나에게 제일 먼저 음식을 준다. 며느리가 나를 이렇게 지극정성으로 모시니 아들 녀석도 따라서 나를 극진히 모신다. 살다 살다 자식과 며느리에게 이런 호강을 누릴 줄은 꿈에도 생각하지 못했던 일이다.

며느리는 나에게 영어로 멋진 새로운 이름도 지어 주었다.

"해피야!" 이 소리가 날 때 처음에는 그것이 내 이름인 줄 몰랐다. 그런데 나를 보고 계속 "해피야! 해피야!"하길래 내가 캉캉 소리를 냈더니 머리를 쓰다듬으며 더 예뻐하길래 이제는 "해피야!" 하는 소리가 들리면 무조건 캉캉캉 소리를 낸다.

어느 날 며느리는 나에게 예쁜 옷도 입히고, 모자도 씌우더니 자가용에 태우고 많은 사람들이 있는 시장으로 갔다. 내 자가용 운전사인 며느리는 나를 조금이라도 더 안전하게 모시고 가려고 땀을 흘리며 이리저리 자동차나 사람들을 피해 운전을 했다. 모든 사람들이 치장한 나를 관심있게 보고 있었고, 나는 내 자가용 위에서 한없이 거드름을 피웠다. 그때 저만치 떨어진 곳에서 헌 옷을 입은 노인 하나가 그릇을 들고 지나는 사람들에게 구걸을 하는 모습이 보였다.

참으로 딱하게 보였다. 어찌 인간이 개인 나보다 못사는가.

나는 캉캉캉 그 노인에게 말했다.

"그 생활 하지 말고 개가 되세요. 날 보세요. 개 팔자가 최곱니다."

한국신문예문학회 역대 회장

대수	회장	학과	장르	비고
제 1대	지은경	철학 · 예술학	시 · 평론	문학박사
제 2대	장해익	경영학	시 · 수필	경영학박사
제 3대	장해익	"	"	"
제 4대	장해익	"	"	"
제 5대	장해익	"	"	"
제 6대	장해익	"	"	"
제 7대	문영현	전기공학	시 · 고전평론	연세대교수
제 8대	황옥례	문예창작학	시 · 수필	명지대학
제 9대	박숙희	수학과	시 · 수필	중도 사임
제 10대	유중관	철학과	시 · 수필	고려대학교
제 11대	박영곤	정치외교학과	시	고려대학교

월간신문예 조직 구성과 임원 명단

		신문예 협력단체	
발행인(총회장)	지은경	한국신문예문학회	박영곤 회장
고　　　　문	이근배 엄창섭	아태문인협회	유　형 이사장
명 예 회 장	장해익	인사동시인협회	차학순 회장
주　　　　간	안기찬	나라사랑문인회	지은경 회장
편 집 장	박경희	신문예문예대학	도창회 학장
사 무 국 장	이인애	서울미래예술협회	배정규 회장
미디어 차창	이영경	태극기선양문학회	황선기 회장
취 재 기 자	강에리	천지시낭송협회	강은혜 회장
운 영 위 원 장	이기정	문인예술교류회	김영용 회장
운 영 이 사	김태형 박기임	강산江山문인회	김운향 회장
	유숙희 이석곡	도서출판책나라	지은경 대표
	전희종 정정남		
	허만길 (가나다순)		

2024년 한국신문예문학회 송년회 기념집 18호

도도한 코끼리

엮은이 / 박영곤
펴낸곳 / 도서출판 책나라

초판 1쇄 발행 / 2024년 11월 25일

㈜03377 서울시 은평구 녹번로 3가길 14, 라임하우스 1층 101호
(02)389-0146~7, (02)389-0147
E-mail / sinmunye@hanmail.net
http://cafe.daum.net/sinmunye
등록번호 제110-91-10104호(2004.1.14)

ⓒ 박영곤, 2024
ISBN 979-11-92271-39-2

값 30,000원